L A W L E C T U R E

はじめて学ぶ人でも
深くわかる

武器になる「法学」講座

青山学院大学法学部教授
木山泰嗣
Hirotsugu Kiyama

はじめに

本書は、「法学」の「思考法」を具体的に体験していただくことで、法律家の「法」に対する見方・読み方・考え方の「基本」をみるものです。

世に、法学部生向けの「法学入門」のテキストはたくさんあります。本書は、一般の方に向けて書かれた「法学」の読み物である点に、大きな特色があります。

一般書・ビジネス書では、「会計」や「経済学」、「語学」、そして最近では「美術」の本が多くあります。しかし、「法学」をテーマにしたものは、とても少ないのが現状です。

しかし、法治《ほうち》国家に住むわたしたちは、知らずにいても「法」の影響を強く受けて暮らしています。この点は、緊急事態宣言などの報道で、「特措《とくそ》法では……」といった語りを聞くだけでも、実感できるのではないかと思います。

それでも、法学の勉強をしている学生や、法の専門家でない限り、法に接する機会は極めて少なく、六法全書などに掲載されているような「法律」の「条文」を読むことは、ほとんどないでしょう。

いわゆる「法学入門」の本を、一般の方に向けてつくるときには、この「条文」をどのように扱うべきかという問題が生じます。

本書では、一般の方がおそらく感じられる「法のとっつきにくさ」の根本にあると思われる「条文」の番号（条文番号）や、条文の引用はしないように配慮しました。

条文番号を入れたほうが「法学」にたずさわる人にとっては正確ですが、このような手法で学びたい方には、すでに多くの法学入門の本があるからです。

条文に触れない基本方針をとりながらも、本書は、法学の基本を「実例（ケース）」を通じて、それなりに高度なレベルまで学ぶことができる内容になっています。

しかし、その文章においては、法学の専門用語の取捨選択を行いました。そして、一般の読者の方でも知っておいたほうが役立つ概念や用語については、その内容をわかりやすく説明することにしました。他方で、法学部生にとってはつめこまされる概念や用語であっても、一般の読者の方にとってはあまり意味がないと思われるものは触れないようにしました。

そして、こうした概念や用語の説明は必要に応じて行うとしても、「概念や用語の説明のための本」にならないように工夫をしました。

あくまで、「法」に対するさまざまな考え方を学ぶ本にしたかったからです。

この点で、法学で重要になるもう1つの「判例」（裁判所の判決）については、読者の方にわかるように説明を心がけながら、できる限り「ケース」（事例）として触れるようにしました。

抽象的に「法」を学んでも、役立つことは資格試験の「試験対策」くらいにしかならず、一般の読者の方にとっては意味がないからです。そして、具体的なケースをみながら学んでいけば、「法」の考え方が、どのように使われているかをみることができるからです。

こうしたコンセプトに基づく本書は、次のような構成になっています。

序　章　法体系は、どのようになっているのか？——民主主義と自由主義の関係性
第1章　プロセスを分けて検討する——「法的三段論法」を具体的にみる「6つのステップ」
第2章　主張と反論——「ディベート思考」による「論理の構成」方法
第3章　「そもそも論」から考える「法学的基本思考」の方法——目的思考と原則思考
第4章　法律家はどのように法を使うのか？——「間接事実」から「推認」する事実認定の手法
第5章　法律家は「法」に何をみているのか？——二分法の視点（Part1「実体法編」）
第6章　法律家は「判決」に何をみているのか？——二分法の視点（Part2「裁判編」）
第7章　わたしたちを拘束する「身近にあるルール」の読み方——法学的解釈の手法

第8章　法は、どのように進化してゆくのか？――社会を変える「法改正」の実際

これまで「とっつきにくい」と思われていた**「法学」について、あなたの「ものの見方」に大きな変化が生じれば、日常的に「社会をみる目」にも「大きな変革」が起きるはずです。**

社会人の方も、主婦の方も、学生の方も、ふだん触れない「知的興奮」を味わいながら本書を読み進めていただければ、嬉しく思います。

それでは、まず、序章から入っていきましょう。

２０２１年１月

木山《きやま》　泰嗣《ひろつぐ》

目次

はじめて学ぶ人でも深くわかる
武器になる「法学」講座

第1章

プロセスを分けて検討する

——「法的三段論法」を具体的にみる「6つのステップ」

第2章

主張と反論

――「ディベート思考」による「論理の構成」方法

第3章

「そもそも論」から考える「法学的基本思考」の方法

――目的思考と原則思考

第4章

法律家はどのように法を使うのか？

——「間接事実」から「推認」する事実認定の手法

第5章

法律家は「法」に何をみているのか？

──二分法の視点（Part1「実体法編」）

第6章

法律家は「判決」に何をみているのか？

——二分法の視点（Part2「裁判編」）

第7章

わたしたちを拘束する「身近にあるルール」の読み方

——法学的解釈の手法

第8章

法は、どのように進化してゆくのか？
――社会を変える「法改正」の実際

序章

法体系は、どのようになっているのか？

――民主主義と自由主義の関係性

なぜ、法体系という言葉があるのか？

「法体系」という言葉があります。なぜ、そのような言葉があるのでしょうか？

それは、社会生活をよりよくするために定められた「法」には、さまざまな種類があり、それらの全体像の整理が必要になるからです。

もっといえば、法体系には「頂点」があります。

最高法規といわれる「日本国憲法」（以下「**憲法**」といいます）が、日本の法体系のトップに君臨《くんりん》しています。法体系のトップに「正しい法」としての憲法を置く考え方を、「**法の支配**」といいます。**国会などでつくられる法律を含めたすべての「ルール」である法が、頂点に君臨する憲法に拘束を受ける考え方**です。

「法治主義」というのは、法によって国を治《おさ》める考え方です。しかし、法が常に正しいとは限りません。そこで、「正しい法」としての憲法を頂点に君臨させ、その下にある「下位の法規範」については、憲法適合性をチェックする役割を「裁判所」に担わせるのです。

「下位の法規範」が具体的に何かは、本書で少しずつ説明します。ここでは、刑法や民法などの「法律」をまずは挙げておきます。

法体系

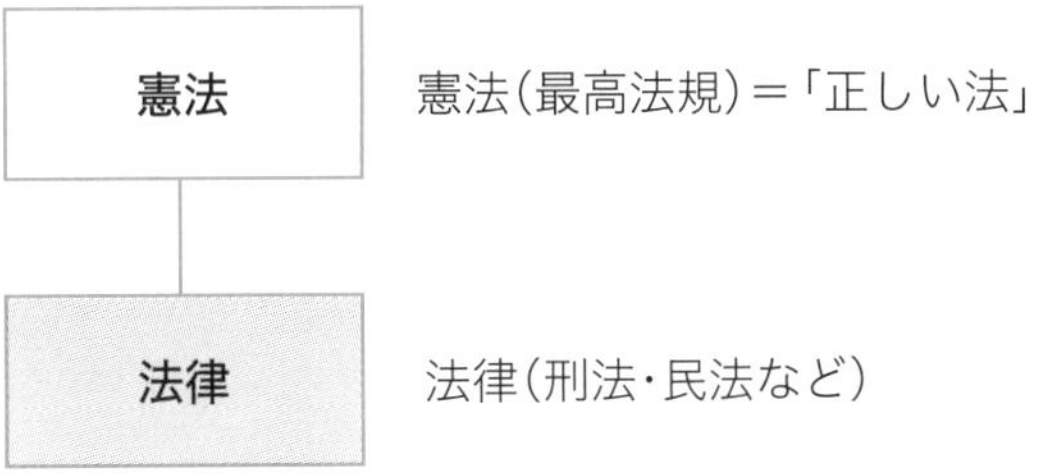

ところで、なぜ、憲法は「正しい法」といえるのでしょうか？

① 法律よりも先に規定されたから
② 国民に対する拘束力が強いから
③ 人権保障を目的としているから

憲法は、人権保障を目的にしているからです。なので、正解は③になります。

いわゆる「**違憲審査権**」が、憲法では定められています。国会でつくられた「法律」でも、最高裁判所（以下「**最高裁**」といいます）が、「憲法に違反します」と判断すれば、その法律は効力をもたないと、憲法に規定されています。

立法（つくられた法律のこと）が憲法に違反するかどうかを審査する機能をもっている点で、「**違憲立法審査権**」と呼ばれることもあります。

憲法と法律における法規範

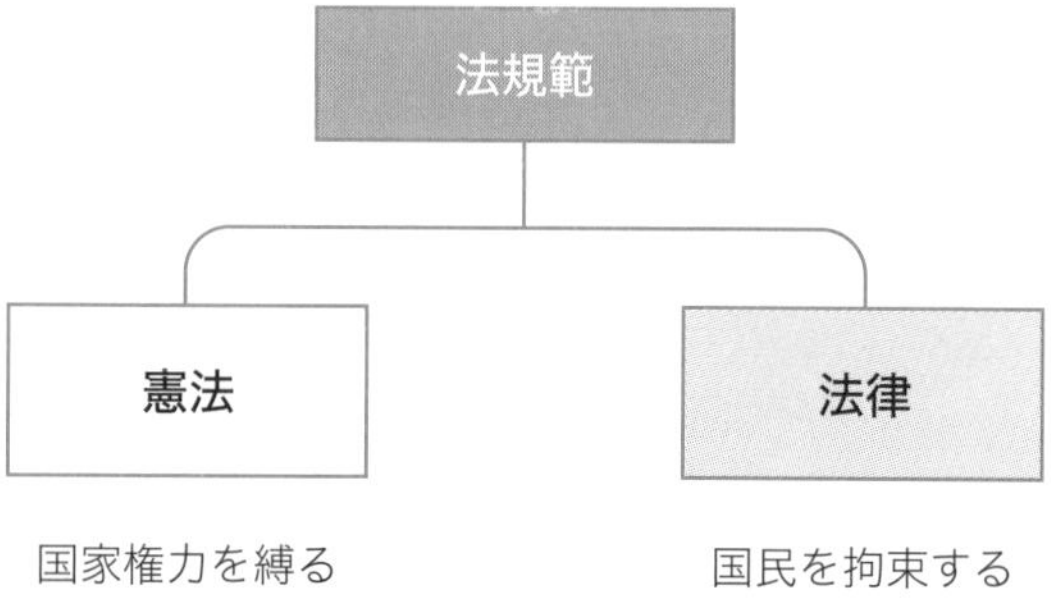

こうして、憲法を頂点とした「法体系」が、網の目を張っています。多数派原理である民主主義を基盤にする「法律」が、憲法に否定されるのは「少数者の人権」でも守る自由主義があるからです。

これは「民主主義」と「自由主義」のぶつかりあいであり、両者の衝突の場面です。

本章では、両者のぶつかりあいがあらわれた「2つの最高裁判決」を取り上げます。これによって、まず「法体系」とは何かを知ることができます。

「全体と部分」という視点からすると、まずは「全体」をみようということです。「木を見て森を見ず」と言われないためには、細部に存在する木々になる「部分」を離れ、まずは細かな木々によってつくりあげられた「全体」、緑しげる森をみることが重要です。

憲法と法律の違いとは？

ここで、さきに「憲法」と「法律」の違いを説明しておきましょう。**憲法は国家権力を縛《しば》る法規範**です。これに対して、**法律は国民を拘束する法規範**になります。

憲法の名宛人《なあてにん》は、憲法自身に規定されています。「憲法尊重擁護義務《そんちょうようごぎむ》」という、憲法を尊重して、擁護しなければならない対象が書かれているのですが、ここに国民は含まれていません。

天皇、国務大臣（行政権の担《にな》い手である内閣のメンバー）、国会議員（立法権の担い手である国会のメンバー）、裁判官（司法権の担い手）、その他の公務員といった、国家権力を担う人々に向けられたルールが「憲法」なのです。そして、その目的は、国民の「基本的人権」を尊重し、保障することにあるのです。

なお、憲法との対比で、法律は国民を拘束する法規範と述べましたが、法律の規定が国家権力を対象にする法分野も、もちろんあります（行政法など）。ここでは、憲法と法律の対比をわかりやすくし、憲法と法律との違いを示すために、こうした説明をしました。

BUKININARU

1 刑法の規定が憲法違反？

——1973年に起きた衝突（尊属殺人違憲判決）

戦後の焼け野原のなかで、「憲法より米だ」と生活面に関心が向くなかで実施された最初の普通選挙によって選ばれた国会議員が集まり、戦後間もない国会（新憲法制定前なので、まだ帝国議会でした）で行われたのが「**憲法改正**」の審議でした。

こうして新憲法が誕生したことは、みなさんもご存じでしょう。GHQ草案が下敷きになっていますが、日本の国会で審議・修正がなされ「新憲法」は誕生しました。

あたらしい法や、内容を改正した場合の法を、世にお披露目することを「**公布**《こうふ》」といいます。また、公布された後、実際にその「法」が適用されるようになることを「**施行**《しこう》」といいます。

新憲法は、1946年（昭和21年）11月3日に公布され、1947年（昭和22年）5月3日に施行されました。こうして施行された5月3日が憲法記念日として、祝日になっています。

新憲法が、文字どおり「あたらしい憲法」であったことは、戦後しばらく社会の教科書の副読本として、当時の文部省が作成して学校で配布された『あたらしい憲法のはなし』というタイトルが示すとおりです。

しかし、形式的には、この憲法は明治時代（1889年）に制定された大日本帝国憲法（いわゆる明治憲法）の改正手続によって制定されます。内容的には「あたらしい」はずの新憲法なのに、なぜ、旧憲法の改正手続によったかについては「八月革命説」が説明を与えています。

新憲法の特徴とは？

新憲法は、内容としても3つの点で、まったく違うものでした。

第1に、主権が天皇から国民に変わりました（**「天皇主権」から「国民主権」へ**）。

第2に、徴兵制が廃止され戦争放棄の条項が定められることにより、平和憲法に変わりました（**「帝国主義」から「平和主義」へ**）。

第3に、形式的に保障されながらもあくまで「法律の範囲内」に限られ侵害を受けることが多かった人権が、「侵すことのできない永久の権利」として保障されることになりました（**「法律留保主義」から「人権尊重主義」へ**）。

このようにまったく異なる憲法がつくられるのは、国家の根本が変わったことを意味します。いまの憲法にも改正手続を定めた規定はありますが、どんな内容でも改正できるとは考えられていません。憲法の基本原則について、その根本を変える改正はできないと考えられています（**憲法改正限界説**）。

根本原則とは、**①国民主権**、**②平和主義**、**③人権尊重主義**の3つです。まさに、いまみた大日本帝国憲法から日本国憲法への改正手続によって、実現された内容です。

こうした根本を考える「新憲法の制定」であったのに、改正手続が利用されたのは、国家の連続性を示すためであったと説明するのが「八月革命説」です。そして、この「八月」とは、1945年8月のポツダム宣言受諾を指します。

戦後はじめての「法令違憲判決」

さて、こうして制定された新憲法に導入された役割の1つに「**違憲審査権**」がありました。これは、**憲法の最大の価値が「人権保障」にあるため、これが戦前のように法律によって侵害されることがないよう、「裁判所」に「法律」等の「憲法適合性」を審査させるもの**でした。

その違憲審査権が裁判所の頂点に立つ最高裁によって行使され、戦後はじめて「法律が違憲」

とされたのが、1973年（昭和48年）4月4日でした。

どんな判決だったのでしょうか。当時は戦前につくられた刑法の定める「**尊属《そんぞく》殺人罪**」が、まだありました。「尊属」とは、子からみた両親や祖父母を指します。もちろん、受けた恩を尊重すべきことは、だれも否定しないでしょう（尊重報恩）。

しかし、現在の刑法には、このような規定はありません。いきなり物騒《ぶっそう》なお話をしますが、人が「人を殺した」場合、その殺された「人」がだれであっても、現在、成立する犯罪は「殺人罪」であり、刑法が定める法律上の刑罰（法定刑）は同じです。「死刑又は無期若《も》しくは5年以上の懲役」と定められています。

ところが、1973年当時は、尊属殺人罪という（普通）殺人罪とは別の犯罪が刑法に定められており、その法定刑は「死刑又は無期懲役」しかありませんでした。尊属を殺すと重い刑罰を科せられる法律だったのです。

1973年に下されたある刑事裁判の最高裁判決では、この**刑法の定める尊属殺人罪の規定が「憲法に違反する」とされました**（最高裁昭和48年4月4日大法廷判決・刑集27巻3号265頁）。

理由は、憲法が定める「法の下《もと》の平等」に違反するからです。同じ人の命をあやめた行為に対し、その被害者が尊属であることを理由に、そうでない場合よりも極めて重い「死刑又は無期懲役」という法定刑を定めた刑法の規定は、憲法が禁止する差別にあたるという判決でした。

さて、これは１９７３年の判決です。現在46歳の著者が生まれる前年の出来事です。約50年も前に下された最高裁判決を冒頭から紹介したのは、なぜかと思われたかもしれません。

理由は、次のうち、どれだと思いますか？

①　ちょうど著者が生まれる前の年の最高裁判決だったから
②　法学部の憲法の授業でだれもが学ぶスタンダードな最高裁判決だったから
③　違憲と判断されたのに、その後も20年以上、法律から削除されなかったから

理由の１つは、さきほど述べたように、戦後はじめて「法律が憲法に違反する」とされた判決だったからです。ただし、選択肢に挙げたもののなかでみると、最も重要な理由は、③になります。順を追って、説明しましょう。

新憲法が違憲審査権をもっているといっても、戦後75年の間に「法律」が違憲と最高裁に判断された判決は、数えるほどしかありません。

その最初の判決であるため、わたしが大学2年生と一緒に法学の基本を学ぶ「入門演習（プレゼミ）」では、毎年、学生にこの「**判例**」を発表させています。「判例」とは、裁判所が下した判決の例だと思ってください（その詳細は、あとで説明します）。

この判例は、いまでも憲法の重要判例として『**判例百選**』（有斐閣）に掲載されています（『百選』の掲載数は百ぴったりではないですが、法を学ぶ学生にとって重要なものが集められたテキストです）。日本全国の法学部生が、いまも昔も（わたしも大学時代に憲法の授業でこの判決を知りました）、衝撃の走る「最高裁判決」であることは間違いありません。

衝撃は、事件の内容にもあります。父親から子どものころから性的虐待を受け、その子まで出産させられていた女性が、結婚相手をみつけて報告したところ、反対されます。なおも、しつように迫る父親を殺害したこの女性は、すぐに警察に自首します。

その刑事裁判では、第1審も、控訴審《こうそ》も、さまざまな工夫をした判断をするのですが、最高裁は「尊属殺人罪を定めた刑法200条は、法の下の平等を定めた憲法14条1項に違反する」と断じます。

これが、**戦後初の法令違憲判決**です（法令とは、国会で制定される「法律」のほかに、たとえば内閣が定めた「政令」なども含む広い概念ですが、詳細はあとで説明します）。

「尊属殺人」はその後どう扱われたのか？

さて、1973年に下された「違憲判決」の衝撃は、事件の内容だけではありません。最高裁によって「憲法に違反する」とされて効力を失ったはずの「刑法200条（尊属殺人罪）」

は、驚くべきことに、１９９５年（平成7年）の刑法改正まで、削除されずに残っていたのです。

では、違憲判決後、どのように尊属殺人は扱われたと思いますか？

① 規定は残されたけれど、実際には使われなくなった
② その事件で違憲と判断されただけなので、その後も尊属殺人罪は適用されてきた
③ 事件によって、違憲とされたり、されなかったりして混乱を招いた

さて、順を追って、説明しましょう。

②や③のような状況が20年以上続いたら、法秩序は大混乱に陥りますよね。正解は、①です。

わたしが1年浪人の末に、ようやく大学（法学部）に入学したのが、１９９４年（平成6年）です。そこではじめて手にした六法には、この尊属殺人罪の規定（刑法２００条）が「刑法」に記載されていました。大学1年生のわたしが生まれる前に「違憲」とされた法律の条文が、当時の最新版の六法に収録されていたのです。

このとき、わたしは、まだ漢文のように漢字カタカナの文語体で規定されていた「法律」を対象にする「法学」の「難解さ」に直面しました。

実際、どうだったかというと、刑法が漢字ひらがなの現代語（口語体）にリニューアルされ

る改正がなされた1995年（平成7年）に規定から削除されるまで、尊属関係の犯罪（尊属殺人罪、尊属傷害罪等）は、検察官がその執行を停止しました。そのため、適用されることはなくなっていたものの、法律から削除されることなく22年も放置されていたのです。

このようにいうと、立法府である国会が、最高裁の判断を無視しているのかと思われたかもしれません。ただ、違憲判決後に内閣は、この法律（尊属殺人罪等の刑法の規定）の執行を停止するよう求めます。そのため、刑法という法律の条文に紙面上は残されたものの、現実には使われない「死んだ条文」になっていたのです。

しかし、何と遅い対応でしょう。

これは、違憲審査権がアメリカにならい新憲法に導入されたものの、最高裁によって違憲と判断された法律の効力（違憲判決の効力）をどう考えるかについて、日本では（憲法にも法律にも規定はなく）、その考え方もつめられていなかったので、対応ができなかったのです。

いまでは、この「**違憲判決の効力**」という論点は、憲法の教科書に載っている基本論点です（詳細は、次にお話しします）。そして、近年では、最高裁に違憲と法律の規定が判断された場合、国会も速やかな対応（法律の規定の削除や修正）をするようになっています。

この点は、次にお話したいと思います。

BUKININARU

2

民法の規定が憲法違反？
――2013年に起きたインパクト（非嫡出子違憲判断）

さて、最初に衝撃を与えた「最高裁昭和48年判決」から、ちょうど40年後の2013年（平成25年）に、今度は戦前からあった「民法」の相続に関するある規定が「憲法に違反して無効である」と判断されます。

婚姻関係のある夫婦の間に生まれた子を「嫡出子《ちゃくしゅつし》」といいますが、そうではない子を「非嫡出子」といいます。たとえば、結婚している男性と愛人の女性との間に生まれた子が典型例ですが、これに限らず、婚姻関係にない親の間に生まれた子を指します。

民法は、戦前の家制度の下で、明治時代につくられた法律です。戦後の新憲法下では、家制度は廃止されたため、戦前の民法にあった家督《かとく》相続の制度などは廃止されました（戦後間もない1947年〔昭和22年〕の民法改正）。

もっとも、家制度の名残のような規定のいくつかは残されていました。その1つが、遺産相続の際に、相続人が遺産を引き継ぐための取り分として法律が決めた「**法定相続分**」についての差別規定でした。

これは、法律上の相続人（法定相続人）に嫡出子と非嫡出子の両方がいる場合ですが、嫡出子の相続分に対し、非嫡出子の相続分は2分の1とされていたのです。この民法の規定が「法の下の平等」を定めた憲法14条1項に違反するという裁判は、じつは2013年以前にも何度もありました。

裁判所の判断はどう変わったのか？

実際、わたしが弁護士になるために受けていた司法試験でも、憲法の基本論点として「非嫡出子の相続分の合憲性」はあったのですが、当時は「合憲」と理解されていました。

さきほど大学生のころに刑法が改正されたといいましたが、その年（1995年）に最高裁で「非嫡出子の相続分を2分の1とする民法の規定は、憲法14条1項に違反しない」とする合憲判断が下されていたからです（最高裁平成7年7月5日大法廷決定・民集49巻7号1789頁）。

民法は、配偶者を法律上の婚姻したものに限定しています。いわゆる婚姻届を提出した夫婦を指しますが、こうした法律婚を尊重するために、非嫡出子の相続分を2分の1とする規定には合理性があると最高裁は判断したのです。

前提として、「**法の下の平等**」は、「**相対的平等**」だと理解されています。すべての人を同じように扱う「絶対的平等」ではなく、事実上の差異に着目した合理的な取扱いをすることは問題ないと考えられているのです。そこで、裁判所は立法が違憲かどうかの判断をする際に、その合理性を判断します。

この判断がその後も最高裁判例の「**先例**」となり、さまざまな遺産相続の裁判で争点とされますが、個別の事例の特殊性からその事件に適用する限り憲法に適合しないとする「**適用違憲**」の判断をする下級審の裁判例（最高裁より下の高等裁判所〔高裁〕や地方裁判所〔地裁〕などを「**下級裁判所**」といいます）はあったものの、「**法令違憲**」（法律などの法令の規定そのものが憲法に違反するとの判断）はありませんでした。

ところが、2013年（平成25年）に、最高裁は従来の判断を変更します（**判例変更**）。過去に最高裁が下した先例を変更するためには「**大法廷**」（最高裁の裁判官15人全員で構成する法廷のこと。通常事件は最高裁裁判官5名で構成される「**小法廷**」で審理されます）による判断が必要なのですが（詳細は第6章で説明します）、大法廷に回付され判例変更をする決定が下されたのです（最高裁平成25年9月4日大法廷決定・民集67巻6号1320頁）。

では、なぜ、判例変更がされたのでしょうか。

①　明らかに差別といえる特殊な事件だったから
②　最高裁の裁判官の構成が変わったから
③　当時はあった諸外国の非嫡出子差別規定が撤廃されたから

この点については、判決文でも言及されています。①のような事情は特になく、②は、もちろん事実としては年月を経て担当裁判官の構成は変わりましたが、これでは内容の理由とはいえません。正解は、③になります。順を追って、説明しましょう。

合憲判断がされた「最高裁平成7年決定」(1995年)が対象にした事件の相続開始時は、1988年(昭和63年)でした。当時、諸外国をみても、ドイツやフランスでは当時の日本と同様に非嫡出子差別規定を設けていました。

それが両国とも、法改正によって差別規定を撤廃します。まず、ドイツは、1998年(平成10年)に「非嫡出子の相続法上の平等化に関する法律」により撤廃します。また、フランスは、2001年(平成13年)の「生存配偶者及び姦生子の権利並びに相続法の諸規定の現代化に関する法律」によって、同じく差別規定を撤廃しました。

こうして、非嫡出子差別規定をもつ国は、「欧米諸国にはなく、世界的にも限られた状況」

になっていました。**このような国際情勢の変化など、社会環境の変化が生じたことを踏まえ、「最高裁平成25年決定」（２０１３年）は、従来の判例を変更した**のです。

「違憲判断」は過去にさかのぼるのか？

さて、ここで気になるのは、**この「違憲判断」は、過去にさかのぼるか**でしょう。前節で述べた「違憲判決の効力」ですが、あくまで判決は当事者（原告と被告）の事件を解決するために下されるものなので、当該事件の当事者にのみ及ぶと考えるのが基本です（**個別的効力説**）。

しかし、民法の規定そのものが違憲となれば、裁判をしていない他の人にも影響が生じます。裁判の当事者でなくても、「違憲な法律」を適用することはできないからです。この点で、「最高裁昭和48年判決」（尊属殺人違憲判決）と同様に、将来の遺産相続に適用することはできないとしても、過去の遺産相続についても遡及《そきゅう》して適用を否定できるのでしょうか。

①　法律が違憲である以上、過去のすべての遺産相続にさかのぼって違憲になる
②　最高裁の判断が下されたあとに行われる遺産相続に対して、将来的に違憲になる
③　最高裁決定が対象にした事件の相続開始時以降の遺産分割が違憲になる

ちなみに、尊属殺人事件の場合には、服役していた人に対しては恩赦《おんしゃ》の措置がとられていました。その意味では、①に近い対応があったことになります。

ところが、遺産相続の場合には、そうはいきません。すでに相続がなされたことを前提に、そのあとの相続も起きている例もあるでしょうし、多くの人が１度の遺産相続にかかわり、すでにこれによって相続人の権利は確定しているわけです。

そうすると、②のように、基本的には将来に向かって、２０１３年（平成25年）９月５日以降の遺産相続について違憲とすれば混乱は起きにくいでしょう。といっても、最高裁はその事件の遺産相続について「違憲」と判断したわけです。つまり、判断自体がその事件の相続開始時にさかのぼっているのです。

これは、なかなかむずかしい問題になりそうですね。順を追って、説明しましょう。

その後の法改正の流れ

最高裁が違憲判断をするとなれば、こうした問題が起きることは明らかでした。そこで、最高裁は、本来その事件を解決するために書くはずの決定文のなかで、「違憲判断の効力」についても言及をします。

つまり、非嫡出子の相続分を２分の１とする差別規定が「違憲」となるのは、あくまでこの事例の相続開始時であった「平成13年（２００１年）７月当時」と言及したのです。

その際、最高裁は「**法的安定性**」という言葉を使いました。これは「法律関係の安定性」という意味です。違憲判断が過去にさかのぼるとすれば、すでに相続人すら全員亡くなっているような遠い昔の相続も含めて、すべてくつがえることになります。これでは、法律関係が不安定になるということです。

とはいえ、これもかなり過去の話になります。遺産相続の裁判がどれだけ長いのかが気になってしまうかもしれませんが、違憲判断がなされた平成25年（２０１３年）の12年前です。そうすると、この時点以降を違憲と考えてもなお、もう確定している相続は全国に多数あったことが容易に推測できます。

そこで、まず、国会はすぐに法改正をします。最高裁昭和48年判決（１９７３年）から40年後の「違憲判断」では、日本も速やかな対応ができるほどに、違憲判断への耐性はできていたということです。この年（２０１３年）の12月に民法改正がされた点に（12月５日に成立し、12月11日に公布・施行）、22年も違憲な条文が放置されていた40年前とは違う「迅速性」が感じられます。

さらに、他の遺産相続への影響も甚大です。そこで、法務省も素早い対応をします。これはいまでも法務省ウェブサイトに掲載されているものですが、「民法の一部が改正されました」

最高裁決定の適用範囲について

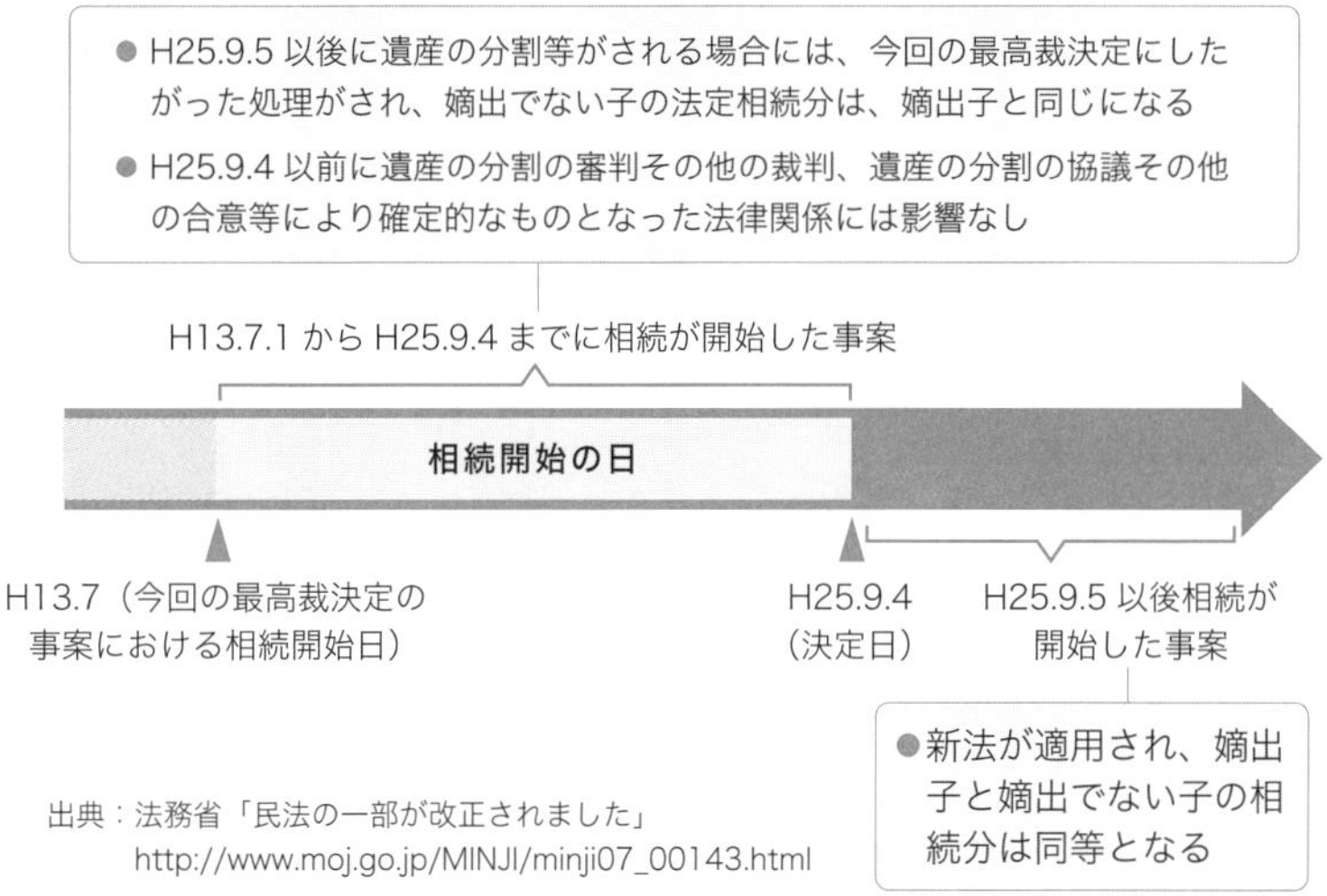
● H25.9.5 以後に遺産の分割等がされる場合には、今回の最高裁決定にしたがった処理がされ、嫡出でない子の法定相続分は、嫡出子と同じになる
● H25.9.4 以前に遺産の分割の審判その他の裁判、遺産の分割の協議その他の合意等により確定的なものとなった法律関係には影響なし
H13.7.1 から H25.9.4 までに相続が開始した事案
相続開始の日
H13.7（今回の最高裁決定の事案における相続開始日）
H25.9.4（決定日）
H25.9.5 以後相続が開始した事案
●新法が適用され、嫡出子と嫡出でない子の相続分は同等となる

出典：法務省「民法の一部が改正されました」
http://www.moj.go.jp/MINJI/minji07_00143.html

と題する文書を公表し、「最高裁平成25年決定」の違憲判断の効力がどこまで及ぶかについても、詳細な分析をしたものを示したのです。

重要部分のみ引用すると、次のように記載されています。

「新法が適用されるのは、平成25年9月5日以後に開始した相続です。もっとも、平成25年9月4日の最高裁判所の違憲決定があることから、平成13年7月1日以後に開始した相続についても、既に遺産分割が終了しているなど確定的なものとなった法律関係を除いては、嫡出子と嫡出でない子の相続分が同等のものとして扱われることが考えられます。」

「最高裁判所により違憲判断がされると、その先例としての事実上の拘束力により、その後の同種の紛争は最高裁判所で示された準則に従って処理されることになります。

そのため、平成13年7月1日から平成25年9月4日（本決定の日）までの間に開始した相続について、本決定後に遺産の分割をする場合は、最高裁判所の違憲判断に従い、嫡出子と嫡出でない子の相続分は同等のものとして扱われることになります。

他方、平成13年7月1日から平成25年9月4日（本決定の日）までの間に開始した相続であっても、遺産の分割の協議や裁判が終了しているなど、最高裁判所の判示する『確定的なものとなった法律関係』に当たる場合には、その効力は覆りません」

同ウェブサイトには、「**最高裁決定の適用範囲について**」と題する、わかりやすい時系列を示したカラーの図表も掲載されています。本書にも引用したので（35頁）、みていただくとスッキリするかもしれません。

さらに、これにとどまらない法改正が、じつはその後になされます。

たしかに、非嫡出子の相続分を嫡出子の2分の1とするのは、「生まれた子どもは親を選べない」ことからすると、どんな親のもとに生まれたかで法律が定める相続分が半分になるというのは、憲法が禁止する差別にあたるでしょう。

しかし、愛人の子が夫の死後に突然あらわれて、長年平和に暮らしてきた家族のもとに配偶者である自分や育ててきた我が子に残された遺産（特に生活の基盤になる住居）から、育てた子（嫡出子）と同じ分だけの遺産をとられてしまうとなれば、どうでしょう？　生活の基盤である住居を手放し、その売却代金から支払が必要になるような事態も起き得ます。

そこで、こうした事態を重くみて、民法が採用する「**法律婚**」（婚姻届を提出した夫婦のみが法律上は配偶者とされること。そうではない内縁関係の保護も民法判例では多く議論されています。今後は家族の多様性の観点から、事実婚も法律婚と同じように税法上の配偶者控除を認めるべきではないかなどの議論はなされるべきでしょう）の下での配偶者の生活の基盤がおびやかされないよう、さらなる民法改正の検討が始まったのです。

そして、当初は配偶者の法定相続分（2分の1）を増やす方向の検討がなされました。しかし、そこはたどり着きません。結局、これまでにはなかった「**配偶者居住権**」というあらたな権利が生まれました。

具体的には、2018年（平成30年）の民法改正（なかでも相続部分の改正であったため、相続法改正ともいわれます）で、配偶者居住権が創設されました。この配偶者居住権は、これまでの民法にあった所有権とは異なり、被相続人の所有していた居住用不動産の所有権を相続しなくても、賃料の負担なく引き続き住むことができる権利です。配偶者居住権を創設した部分の改正民法は、２０２０年（令和2年）4月1日から施行されました。

ここで終わるかというと、まだ終わりません。さらに、何が起きたと思いますか？

① 配偶者居住権も差別ではないかという裁判が起きた
② 配偶者居住権の創設にともない、相続税をどうすべきかの問題が生じた

「法律が違憲である」というためには、日本では、実際にその法律が適用された当事者自身が人権や権利の侵害があることを主張する必要があります。

具体的な事件に付随してはじめて違憲審査を求める裁判を起こすことができるので、「**付随的審査制**」といわれます。具体的な事件がなくても、抽象的に法律の違憲審査を裁判で求めることができる「**抽象的審査制**」は日本では採用されていません。２０２０年4月に施行されたばかりのこの規定の適用をめぐり、そのような裁判の判断は、まだあらわれていません。

そこで、正解は、②になります。相続が開始すると、「相続税」が課されます。あるいは生前贈与をした場合の「贈与税」もあります。遺産相続には、こうした相続税、贈与税がかかわります。

こうして、民法改正を踏まえ、今度は、税法の改正も検討がなされました。2019年3月に成立した相続税法などの改正です（令和元年度税制改正）。

こうして、相続によって配偶者居住権を取得した相続人に対する相続税の財産評価をどのようにするかなど、相続税法の詳細な取扱いも定められました。これは税法の行政解釈を示した「**通達**」（国税庁長官「相続税法基本通達」）の改正で、改正法の施行を控えた2020年（令和2年）2月に行われました。

戦後最初の違憲判決が下された1973年と異なり、憲法を頂点とした法体系は、このように「生き物」のように、最高裁判例に呼応した動きを示すようになりました。

憲法と三権分立の関係

国民主権の下、わたしたちは選挙権を行使し「全国民の代表者」である国会議員を選びます。その国会議員によって構成される「国会」には、法律をつくる権限である「**立法権**」が与えられています。

「自分たちの国のことは、自分たちで決める」という理念の下で採用されている代表民主制は、選挙を通じて「多数決」で最終的な結論を出します。民主主義は議論を前提にしますが、選挙の結果が国会の法案審議にも影響するため、民主主義は「**多数決の原理**」です。

しかし、人権保障をした「憲法」の理念をふみにじる「法律」の規定があれば、それは排除されなければなりません。そこで、具体的に権利を侵害されたと主張する当事者が自らの裁判のなかで「法律の憲法違反」を主張すれば、裁判所はこれを審査します。下級裁判所にも違憲審査権はありますが（詳細は第7章参照）、最終的には最高裁が「**終審**《しゅうしん》」としての最終判断を下します。

裁判官は選挙で選ばれていません。この意味で民主主義的プロセスが直接ないわけですが、その意味は「**多数派の原理**」を離れた観点で、「**少数者の人権保障**」を実現する役割を担っています。この点で、裁判所はときに「民主主義」によって成立した法律を「違憲」といって効力を否定する「自由主義」を背後に背負っていることになります。

なお、社会の授業でも習った「三権分立」は、「権力分立」と法学ではいわれることが多いです。**国家権力は濫用される危険が常にあるため、国家の作用を3つに分ける考え方**になります。

これを唱えたのは、フランスの法律家であるモンテスキューであり、その著書『法の精神』は有名ですよね。わたしは、高校時代に岩波文庫の2分冊で販売されている同書を読み、「法律ってすごいな」と思い、法学部を目指しました。内容は、むずかしくてよくわからなかったのですが、**文章で書かれた壮大な法律論を読んで、単純に「すごい」「かっこいい」と、あこ**

がれをもったのです。 あこがれは、人を動かす原動力です。

さて、こうして、法律をつくる「**立法権**」は国会が担い、これを現実に実行する「**行政権**」は内閣が担います。そして、行政権が法律どおりに行われているかや、そもそも法律が違憲ではないかなどを審査するなどの、具体的事件に法を解釈・適用することで事件を解決する「**司法権**」は裁判所が担います。

三権を「抑制と均衡」（チェック&バランス）の関係に立たせることが、権力分立の内容ですが、これは**人権保障を「目的」にする憲法が、その「手段」として採用した仕組み**です。

フランス人権宣言では、この2点（人権保障と権力分立）をもたない憲法は、「憲法」ではないというのですが、これがいわゆる「**立憲主義**」の考え方です。

この点で、戦前の明治憲法も人権保障が憲法にうたわれていましたが、法律の範囲内でしか保障されず（法律の留保《りゅうほ》）、現実にも法律で数々の人権が制約されていたため、立憲主義といっても実質をともなわない「外見《がいけん》だけだったよね」と言われることがあります（**外見的立憲主義**）。

特徴的な2つの違憲判断と、その後の対応をみることで、具体的に「法体系」がどのようにつくられているのかをみました。

もっとも、ここでは「最高法規」である「憲法」と、これに拘束される「法律」の関係を、三権分立（権力分立）の観点から説明したに過ぎません。

とはいえ、具体的事件を2つみたので、イメージはわきやすかったのではないでしょうか。法律書ではない本書が、ビジネス書として一般の方にも「読み物」として、現実に動いている「法秩序」を知るきっかけしていただくことが、本書の目的の1つです。

この点で、序章は「大きな視点」を示しました。ここから先は、章ごとにテーマを設定し、もう少し細部の「法」を軸《じく》とした「見方」「考え方」をみていきます。

参考文献等

- 芦部信喜（著）＝高橋和之（補訂）『憲法〔第7版〕』（岩波書店、２０１９年）
- 『復刊　あたらしい憲法のはなし』（童話屋、２００１年）
- 田尾勇「判解」最高裁判所判例解説刑事篇昭和48年度１０９頁
- 伊藤正晴「判解」最高裁判所判例解説民事篇平成25年度３５６頁
- 法務省「民法の一部が改正されました」http://www.moj.go.jp/MINJI/minji07_00143.html
- 法務省「残された配偶者の居住権を保護するための方策が新設されます。」http://www.moj.go.jp/MINJI/minji07_00028.html
- 法務省民事局「民法及び家事事件手続法の一部を改正する法律について（相続法の改正）」（平成30年7月13日）http://www.moj.go.jp/MINJI/minji07_00222.html
- 国税庁「相続税法基本通達の一部改正について（法令解釈通達）のあらまし（情報）」（令和2年2月21日）https://www.nta.go.jp/law/joho-zeikaishaku/sozoku/r0202/index.htm

第 1 章

プロセスを分けて検討する

――「法的三段論法」を具体的にみる「6つのステップ」

法律家が使う「法的三段論法」

法律家は、裁判になる前から、「もし、裁判になったらどうなるか?」を、常に考えます。

事前に紛争が起きないように防止するために「法」を使う作業を「**予防法務**」といいます。契約書の作成をするときはもちろん、あらたな取引をはじめる際や、企業の組織再編（合併など）をする際にも、「法的な問題」が生じないよう、事前にさまざまな検討をします。

その際に、活用されるのが「**法的三段論法**」です。「もし、裁判になったら」という思考ができるからです。

裁判になると、当事者がお互いに譲り合って「和解」をすることで決着する場合もありますが、互いの譲歩ができない場合には「判決」で決着します。

その判決書には、「**判決の理由**」が記載されます。それをみると、法的三段論法で作成されています。その仕組みは、法学のさまざまな本で説明されています。「三段」ですから、3段階の「論法」で結論を導きます。

司法権は、裁判所法という法律に定義されています。それは、「一切の法律上の争訟を裁判（す）る権限」と定められています。「法律上の争訟」とは何かというと、「法令を適用することによって解決し得べき権利義務に関する当事者間の紛争」と解釈されています。「解決し得べき」とは文語体です。現代語としては「解決することができる」という表現になります。

つまり、司法権＝裁判とは、

① 法令を適用することによって解決することができる

② 権利義務に関する当事者の紛争

ということです。より端的にいえば、「法令を適用すること」で、具体的な「当事者の紛争」を「解決する」ことになります。

この「司法権」の意味は、逆に「どの宗教が正しいか」や「どの学問が最も正しいか」など、「法令を適用すること」では「解決することができ」ないものについて、裁判をすることはできないということも意味します（**司法権の限界**）。

ここでは、①「法令の適用によって解決できる」、②「当事者間の紛争」であることを前提に、その内容を考えてみましょう。

さきにわかりやすいので、②をみると、AがBに2020年5月12日に30万円を貸したのに、Bは返さず、「借りた覚えはない」という「当事者間の紛争」には、具体的な事実があります。事実は証拠による認定が必要になります。これを「**事実認定**」といいます。

こうして認定された事実には、①「法令」を適用することになります。しかし、法律などの法令に書かれた法文には、「一般性・抽象性」があります。これは「立法」は、だれか特定された個人（個別性）や、特定の具体的な事件（具体性）について定めたものであってはならない、と考えられているからです。その法文が定める「要件」を満たす者には、等しくその法文に規定された「効果」が生じるものとしなければ、公平・平等な法の適用ができなくなるからです（「要件と効果」については、次章で詳しくお話しします）。

そこで、具体的な法文（条文）に書かれた文章である「文言《もんごん》」を「解釈」することも、次に必要になります。これを「**法解釈**」といいます。そして、法解釈の結果、導かれたルールを「**法規範**」といいます（法律家は、これを略して「規範《きはん》」ということが多いです）。

こうして認定された事実に、法文を解釈して得られた規範を「適用」することで、結論を導くのですが、この適用のことを「**あてはめ**」といいます。

わかりやすいので、さきに「事実認定」を説明してから、次に「法解釈」を説明しました。一般的には、大前提としての「法解釈」、小前提としての「事実認定」の順に説明されます。

そうすると、法的三段論法とは、**「法解釈」（大前提）→「事実認定」（小前提）→「あてはめ」という3つのプロセスを踏み、法を具体的事実に適用した結果を導く作業**になります。

法的三段論法を6つのステップに細分化する

少し抽象的で、イメージがわきにくいかもしれません。ここで、論理学における「三段論法」

の例を出しておきましょう。

論理学における三段論法も、構造は同じです。「一般的な命題」が大前提としてあり、これに適用される「具体的な事実」が小前提としてあります。そして、両者をあてはめることで、「結論」を導きます。

たとえば、「人は死ぬ」という「一般的な命題」があります。「ソクラテスは人である」という「具体的な事実」をあてはめます。すると、「ソクラテスは死ぬ」という結論が導かれます。「ソクラテス」＝「人」となるからです。

法的三段論法も構造は同じです。

ただ、「一般的な命題」は、具体的な「法律」の「条文」（法文）として存在するため、その解釈が必要になります。その解釈は、裁判官が行います。そのため、裁判所によって「法解釈」が異なる場合があります。これは最終的には最高裁の判例によって、統一されます。

判例がない場合、下級審の裁判所では、同じ条文でも「法解釈」が異なる可能性があります。そのため、結論が変わる場合が生じます。この点で**「人は死ぬ」という疑いの余地のない「一般的な命題」を対象にする「論理学」と解釈が可能な「法文」を対象にする「法学」には、異なる点があります。**

また、「ソクラテスは人である」という「具体的な事実」は、単純で疑いようのないものです。

しかし、裁判で争われる事件の具体的な事実は、たくさんの人物が登場したり、時系列があったりと複雑です。また、原告と被告という裁判の当事者それぞれの主張する「事実」が異なる場合も多いです。たとえば、Aは「30万円をBに貸した」と主張し、Bは「Aから3万円をもらっただけだ」と反論するなどです。

そのため、裁判所が「事実」を「認定」する作業が必要になります。これは、あとで裁判のルールで、証拠に基づくことが原則として必要になります。

法を適用するためには、①「法解釈」が必要になり、これを適用する対象となる②「事実の認定」（事実認定）も必要になるということです。これらの説明は、法学入門のような法律書を読めば、どの本にも書かれています。

本書では、この「3つのプロセス」を、さらに細分化してみたいと思います。実際には、裁判では次の「6つのステップ」で考えられているからです。

① 条文は何か？…………（法解釈）
② 要件は何か？…………（法解釈）
③ 判断基準は何か？……（法解釈）
④ 認定事実は何か？……（事実認定）
⑤ あてはめは何か？……（あてはめ）

⑥　結論は何か？…………（結論）

第1章では、この「6つのステップ」を、具体的な2つの裁判を素材にして、わかりやすく解明します。こうして、法律家の「ものの見方」で、最も重要といわれる「法的三段論法」の、実際のプロセスを追体験することができます。

一言で「三段論法」といいますが、実際には、こうした「6つのステップ」としてみたほうが、法学を知らない人には、わかりやすいと思います。

取り上げる裁判は、次の2つです。

①　贈与税回避のために外国に住所を移してから贈与をした事件の最高裁判決（**贈与税回避事件**）

②　自分が代表者である会社に支払った業務委託費が経費になるかが争われた裁判例（**同族会社必要経費事件**）

さあ、1つひとつみていきましょう。

BUKININARU

1 贈与税回避のために外国に住所を移してから贈与をした事件の最高裁判決

事件の概要と判決内容

大手消費者金融Ｔ社の株式の８割を保有するオランダの会社の株式を保有していたＴ社の会長及びその妻が、事業承継のために長男Ｘにその株式を贈与しました。

しかし、**当時の相続税法の下では、国外にある資産（国外資産）の贈与がされた場合、その贈与を受けた者（受贈者《じゅぞうしゃ》）の住所が日本になければ、贈与税を課すことはできませんでした。**

そして、贈与を受ける2年半前から、海外（香港）に住んでいたＸは、贈与税は課されないと考え、贈与税の申告・納税をしませんでした。

税務署長は、税務調査を行い、贈与税の決定処分を行います。その額は、無申告加算税も含めて、１３００億円にものぼりました（延滞税も含めると１６００億円でした）。Ｘは、国を被告に、贈与税・加算税の処分の取消しを求める裁判を起こしました。

第1審である東京地方裁判所（東京地裁）は、贈与がなされたときのXの住所は「香港」であるとして、贈与税・加算税の処分をすべて取り消しました（東京地裁19年5月23日判決・訟月55巻2号267頁）。国の全面敗訴です。国は、この判決は誤っているとして、東京高等裁判所（東京高裁）に控訴しました。

控訴審（2審）である東京高裁は、今度は異なる判断をします（東京高裁平成20年1月23日判決・判タ1283号119頁）。贈与がなされたときのXの住所は「日本」にあったとして、第1審判決を取り消し、Xの請求をしりぞける請求棄却の判決を言い渡したのです。これを不服として、Xが、今後は最高裁に上告をしました。

上告審（3審）である最高裁は、原判決《げんはんけつ》（控訴審の判決）は誤っていたとして、破棄《はき》します（最高裁平成23年2月18日第二小法廷判決・判タ1345号115頁）。贈与がなされたときのXの住所は「日本」ではなく、「香港」にあったという認定をし、Xの請求を認めて贈与税と加算税の処分を取り消した第1審の請求認容判決を支持したのです。

逆転につぐ、逆転……ですね。

こうして、1300億円もの課税処分が取り消されて、裁判を起こしたXには「還付加算《かんぷかさん》金《きん》」という納付した時点から還付されるまでの運用益（利息）に相当するもの（約400億円）も含めて、約2000億円が還付されました。

「6つのステップ」からみたプロセス思考

さて、この裁判を「法的三段論法」を「6つのステップ」に分けたプロセスでみると、どのような「思考」ができるでしょうか。

そもそも、「6つのステップ」とは、何だったでしょうか？　思い出してみましょう。

そうです。**「①条文は何か？」→「②要件は何か？」→「③判断基準は何か？」→「④認定事実は何か？」→「⑤あてはめは何か？」→「⑥結論は何か？」**の「6つのステップ」でした。

まず、①条文です。本書は法学を扱った一般書なので、専門的かつ細かいと読者の方が思われるような解説はしません。かみくだいて説明していくので、安心してください。

①条文は何か？

条文は、相続税法という法律に規定がありました。この規定は、その後、こうした租税回避に利用されたため改正されたのですが、当時は相続税法1条の2、2条の2に規定がありました（平成15年法律第8号による改正前のもの）。次のような条文です。

「こ、これは……（わたしにはとても解読できない）」と感じてしまうかもしれませんので、さきにお伝えしておきますと、目でみるくらいで、（条文は）読み流していただき大丈夫です。

（贈与税の納税義務者）
第一条の二　左に掲げる者は、この法律により、贈与税を納める義務がある。
一　贈与（略）に因り財産を取得した個人で当該財産を取得した時においてこの法律の施行地に住所を有するもの
二　贈与に因りこの法律の施行地にある財産を取得した個人で当該財産を取得した時においてこの法律の施行地に住所を有しないもの

（贈与税の課税財産の範囲）
第二条の二　第一条の二第一号の規定に該当する者については、その者が贈与に因り取得した財産の全部に対し、贈与税を課する。

2　第一条の二第二号の規定に該当する者については、その者が贈与に因り取得した財産でこの法律の施行地にあるものに対し、贈与税を課する。

「法律って、これだからなじめないんだよなー」という（あなたの）声が聞こえてきそうなのを、グッとこらえて続けます。

あなたも思われたとおり、この法律の条文をみても、これだけでは何のことだかわからないでしょう。こうした法律の条文を具体的な事実に適用する際には、コツがあります。

②要件は何か？

まず、「②要件は何か？」を考えるのです。「いろいろ書いてあるけど、要するに『要件』は何なの？」ということを考えて、整理するのです。

あとでお話しますが、「法律」の規定の多くは「**要件**」と「**効果**」です。長い条文を読むときも、法律家は「『要件』は何か？」と考えながら、条文を読みます。

さて、「要件」とは何でしょう？　**「要件」とは、その条文が定める所定の「効果」が発生するために満たす必要がある、法律上の条件のこと**です。これを正確には「**法律要件**」といい、その効果を「**法律効果**」というのですが、「要件」と「効果」と、略して呼びます。

さて、そうすると、この相続税法1条の2、2条の2に規定された「要件」は何でしょうか？

その前提として、この要件を満たすと贈与を受けた者（受贈者）には、相続税を納める義務（納税義務）が発生する、という「効果」が生じます。

その「効果」が発生するための「要件」は、**①贈与時に受贈者の住所が日本国内にあること**、または、**②贈与時に贈与された財産が日本国内にあること**、ということになります。

そして、この事例ではオランダの会社の株式が贈与された財産でしたので、贈与された財産の所在は外国にあるため、②は満たしません。そこで本件は、①贈与時に受贈者であるXの住所が日本国内にあることとの「要件」を満たす場合に、Xに贈与税の納税義務という「効果」が発生する、という事例でした。

そのため、争点は、次の点になりました。


贈与時に、受贈者Xの「住所」が日本国内にあったといえるか？


これが、贈与税回避事件の「**争点**」です。「争点」とは、**裁判の当事者であるXとYの主張が食い違う部分**です。

しかし、裁判を起こしたXは、贈与を受けた際、香港（外国）が自分の「住所」だったと主張しています。

民事裁判の「当事者」とは？

Xといいましたが、法律家は、裁判の「原告」をXといい、「被告」をYといいます。民事裁判では、**訴《うった》えを提起《ていき》した者を「原告」**といい、**訴えを提起された者を「被告」**といいますが、前者をX、後者をYと表記するのです。

これにはもう1つ意味があります。第1審の判決に負けて不服がある者は、控訴をすることができます。このとき、**控訴をした者を「控訴人《こうそにん》」**といい、**控訴をされた者を「被控訴人《ひこうそにん》」**といいます。そうすると、第1審では「原告」であった者が、第1審で負けたときは「控訴人」にもなりますが、第1審で勝ったときには控訴審では「被控訴人」になります。これは、控訴審で負けた者が上告をするときも同様です。**上告をした人が「上告人《じょうこくにん》」**となり、**上告をされた人が「被上告人《ひじょうこくにん》」**になります。

相続では、相続が開始した人（相続をされることになる死亡した人）を被相続人といいますが、**「法学」では、この「被」という「される」あるいは「された」という言葉を、人に結びつけることが多い**です。

さて、こうして、Xといったとき、第1審で「原告」であったことは明らかですが、控訴審では控訴人だったのか被控訴人だったのか、上告審では上告人だったのか被上告人だったのかがわかりません。そこで、Xのあとに（　）をつけて、それぞれの裁判の審級《しんきゅう》（第1審、控訴審、上告審それぞれのこと）における「当事者」の表記をまとめて書いておきます。

この裁判では、さきほど「X」とのみ書きました。しかし、この説明を踏まえたあとで、正確に表記すると「X（原告・被控訴人・上告人）」になります。

③判断基準は何か？

さて、民事裁判の「当事者」の表記を説明しましたが、話を戻しましょう。Xの主張に対して、裁判を起こされた国であるY（被告・控訴人・被上告人）は、「贈与を受けた際にXの『住所』は日本国内にあった」と主張しました。

こうして「住所」が、日本（国内）なのか香港（国外）なのかが争われているため、**次に「住所」とは何か、そして、どのような基準で判断すべきかが問題**になります（③判断基準）。

「住所」については、民法に規定があり「生活の本拠《ほんきょ》」とされています。そうすると、実際に「生活」をしていた「拠点《きょてん》」が、どちらにあったかをみることになります。

では、それは、どのように判断すればよいでしょうか。

このように、**ある「要件」を満たすかどうかの判断をする際に、どのような要素を考慮して、どのように判定すべきかの基準**が必要になります。これを「**判断基準**」といいます（「判断枠《わく》組《ぐ》み」と呼ばれることもありますが、本書では「判断基準」といいます）。

判断基準は、ほとんどの場合、法律の条文には何も規定されていません。そこで、**裁判になったときには、裁判所が法解釈をして、「判断基準」を示します。**

この裁判で、最高裁は、次のような判断基準を示しました。

「住所とは、反対の解釈をすべき特段の事由はない以上、生活の本拠、すなわち、その者の生活に最も関係の深い一般的生活、全生活の中心を指すものであり、一定の場所がある者の住所であるか否かは、客観的に生活の本拠たる実体を具備しているか否かにより決すべきものと解するのが相当である（傍線は筆者）」

傍線部分より前は、要件である「住所」とは何かの話で、傍線部分が「判断基準」になります。ここでのポイントは「客観的に」判断すべきとされた点です。

法解釈は裁判官によって変わるため、結論が異なることが起き得るといいましたよね。この事件で「住所」が日本国内にあるとして、Xを敗訴させた控訴審（第2審）である東京高裁では、この「住所」の判断基準が、じつは微妙に異なり、次のように示されていました。

「住所とは、各人の生活の本拠を指すものと解するのが相当であり（略）、生活の本拠とは、その者の生活に最も関係の深い一般的生活、全生活の中心を指すものである（略）。そして、一定の場所が生活の本拠に当たるか否かは、住居、職業、生計を一にする配偶者その他の親族の存否、資産の所在等の客観的事実に、居住者の言動等により外部から客観的に認識することができる居住者の居住意思を総合して判断するのが相当である。なお、特定の場所を特定人の住所と判断するについては、その者が間断なくその場所に居住することを要するものではなく、単に滞在日数が多いかどうかによってのみ判断すべきものでもない〔傍線及び波線は筆者〕」

控訴審の「住所」の判断基準は、少し長めです。これも傍線部分の前は「住所」とは何かを示したもので、これはさきにみた上告審と同じ内容です。

ところが、傍線部分の判断基準をみると、「住居、職業、生計《せいけい》を一《いつ》にする配偶者その他の親族の存否、資産の所在等の客観的事実」だけでなく、「居住者の言動等により外部から客観的に認識することができる居住者の居住意思」も含めて判断するとあります。前半部分は最後の「客観的事実」とあるように、上告審のいう「客観的事実」と同じで、その前には具体的な「要素」を挙げている点が詳細になっているだけです。

しかし、後半部分には「居住者の居住意思」というのがあります。これがくせ者です。なぜかというと、「意思」というのは、その人の「主観」をあらわす言葉だからです。つまり、「ここに住もう」という意思があるかどうかも「住所」を判断する際の考慮事情にするとしているのです。

この点が、控訴審と上告審の判断を分けました。Xは公認会計士などからアドバイスを受けており、贈与税がかからないようにするために、香港に住所を移したからです。Xは日本T社の役員もしていたため、1年における滞在日数は香港が多くなるように調整して暮らしていたという事実もありました。

これは、税法が定める要件をあえて満たさないように、ふつうはしない行為をして目的を達成するもので、「**租税回避**」と呼ばれるものです。このような租税回避の意思があったということ、「それはひどい」と思われるかもしれません。ただ、憲法には「**租税法律主義**」があり、あくまで税金は法律の定める要件を満たす場合にしか課すことはできません（**課税要件法定主義**）。租税回避は違憲ではないのです。

当時の相続税法の規定は、国外財産の贈与に対して贈与税を課すことができる場合については、受贈者の住所（生活の本拠）が日本国内にある場合という「要件」しか定めていなかったのです。そこで、租税回避の意図があったかどうかにかかわらず、**この住所の「要件」を満たすかどうかで、「効果」である贈与税の納税義務の発生は決まることになりました。**

余談ですが、実際、このような問題が起きたので、相続税法は改正されました。いくつかの改正を経て、現在では、国外財産の贈与があった場合、贈与時に日本国内に住所がなかったとしても、過去10年以内に日本に住所があったときには、贈与税が課せられることになっています。贈与税の「要件」は、法改正されたのです。

しかし、**法改正はさかのぼって適用することはできません**（**遡及**《そきゅう》**立法の禁止**）。そこで、改正法の内容や、租税回避の意図などをみることはできない。当時の相続税法の要件を満たすかどうかで判断するしかない。こう考えたのが、最高裁なのです。

これに対して、別の考え方を示したのが、控訴審です。あとからできた改正法（最高裁が出た時点では、過去5年以内に住所が日本にあれば贈与税を課税できるという改正がなされていました）を事件当時にさかのぼって適用することはさすがにできません。しかし、「住所」の判断基準に「居住意思」という主観的要素を含めてしまえば、Xの租税回避の意図を考慮して「香港に住む意思はなかった」と認定できると考えたのです。

これで、すでにおわかりかもしれません。ソクラテスを例に題した「論理学」における三段論法と違い、**裁判で使われる「法的三段論法」では、裁判官が自分で正しいと考えた「結論」を導くために、「法解釈」を通じた「判断基準」を操作することができる**のです。

「操作する」というと、よくない印象をもたれるかもしれません。ただ、司法権の行使を担う裁判官には、「法を解釈して適用する権限」があります。法改正は、立法権のある国会でなければできませんが、裁判所には、現行法を適用する際に「解釈」をする権限があります。

この事件のように、相続税法が定める「住所」が、日本国内にあると認定できれば1100億円の税金（贈与税）が発生するのに、香港（国外）にあると認定されれば贈与税は発生しない（税金は0円）というような「極限状態」の争点を判断する場合、裁判所の考える正義が「価値判断」として、「法解釈」にあらわれます。

この点が、裁判の面白さであり、むずかしさともいえるでしょう。

④認定事実は何か？

さて、「④認定事実は何か？」です。「認定事実」とは、裁判所が判決文で認定した事実です。法を適用するために必要と考える「事実」を裁判所は認定します。

ざっくりまとめると、この事件では次のようなものでした。

- Xは、贈与を受けた当時、T社の香港駐在役員及び本件各現地法人の役員として香港に赴任しながら、国内にも相応の日数滞在していた。

・贈与を受けたのは赴任の開始から約2年半後のことで、香港に出国するに当たり住民登録につき香港への転出の届出をするなどした。
・通算約3年半にわたる赴任期間中、Xは、その約3分の2の日数を2年単位（合計4年）で賃借した本件香港居宅に滞在して過ごしていた。
・その間に、現地においてT会社又は関連の現地法人の業務として関係者との面談等の業務に従事していた。
・Xは、国内においては、本件期間中の約4分の1の日数を東京の居宅に滞在して過ごし、その間に本件会社の業務に従事していた。

判決では、詳細な事実認定がされていますが、ざっくりまとめると、このような事実関係が認定されました。

⑤あてはめは何か？

この認定事実（④）を前提に、判断基準（③）を使って、「日本国内に住所があること」という要件を満たすかどうかを検討した最高裁は、香港での居住について「これが贈与税回避の目的で仮装された実体のないものとはうかがわれない」として、「贈与を受けた時において、本件香港居宅は生活の本拠たる実体を有していたものというべきであ」るとしました。

⑥結論は何か？

このようにあてはめることで、最高裁は、次のように「結論」を出しました。

「以上によれば、Xは、本件贈与を受けた時において、法1条の2第1号所定の贈与税の課税要件である国内（同法の施行地）における住所を有していたということはできないというべきである。

したがって、Xは、本件贈与につき、法1条の2第1号及び2条の2第1項に基づく贈与税の納税義務を負うものではなく、本件各処分は違法である。〔傍線は筆者〕」

これが、「法的三段論法」を「6つのステップ」に分けてみたときのプロセスになります。

①条文も、②要件も、④認定事実も同じなのに、③判断基準を裁判所が変えたことで、その⑤あてはめが変わり、⑥結論が異なるものになりました。

さきに述べたように、これは「極限状態」の事件であったため、法律どおりにいくと課税できずに、租税回避が達成されることになってしまう「結論」に疑問をもち、「判断基準」を工夫した控訴審（東京高裁）と、税額の巨額さにもかかわらず憲法上の重要な大原則である租税法律主義を貫くことに「価値」を見出した上告審（最高裁）との**「価値判断」の違い**によるものです。

一般の「貸したお金を返せ」というような、価値判断の入り込む余地のない機械的な法の適用ができる、「通常の民事裁判」では、このようなことはもちろん起きません。

裁判所は、証拠によって認定した事実に、法を適用することで結論を出し、事件を解決します。基本は「法の適用」を機械的にするだけですが、このようなむずかしい事件の場合には、裁判所は「結論の妥当性」を正義や公平の観点から考え、「法解釈」を行います。

こうして下級審で判断が分かれた場合に、司法府としての統一的な判断を行う役割を担うのが最高裁なのです。

以上で、法的三段論法の「6つのステップ」を詳細にみました。次の事件は「同族会社必要経費事件」です。同じように、裁判のプロセスをみていきましょう。

BUKININARU

2

自分が代表者である会社に支払った業務委託費が経費になるかの裁判例

事件の概要

X（原告・控訴人）は、Aという屋号《やごう》で、LPガス（液化石油ガス）等の燃料小売業を営む個人事業主です。

Xは、自身が代表取締役をつとめ、主要な株主でもあるB社（Xの同族会社）に対して、Aの業務であるLPガス等の配達、販売、保守等の業務（本件配達販売）を委託しました（業務委託）。

Xは、B社に委託した業務の外注費として、平成22年分では665万円、平成23年分では約692万円、平成24年分では約675万円を支払いました。

それぞれの年分について所轄税務署に提出した所得税の確定申告書で、Xは事業所得の金額を計算する際に、上記各金額を必要経費として控除していました。

しかし、本件配達販売を実際に行ったのは、Aの事業主としての地位とB社の代表取締役としての地位を併有しているX自身でした。そうすると、Aはたくさん委託費を支払うことで、所得税を減らすことができてしまいます。

そこで、所轄税務署長は、税務調査を経て、「これを必要経費に算入することはできない」として、それぞれの年分の所得税について、Xの所得税を増額させる更正処分をしました。

「6つのステップ」から考える

さて、簡潔にみていきましょう。まず、「①条文は何か?」です。

これは、所得税法には、所得税額を計算する際の基礎になる「所得金額の計算」について、Xのような個人事業主の「事業所得」については、**1年に得た事業の総収入金額から「必要経費」を控除して計算する**と定めた規定があります(条文は細かいのでここでは省略します)。

そこで、**Xが3年にわたってB社に支払った外注費が「必要経費」にあたるかが争点になりました。**こうして、次に「②要件は何か?」が問題になります。

所得税法に規定されている「必要経費」として、所得金額を計算する際に「総収入金額」から控除するためには、どんな「要件」を満たす必要があるかという問題です。

この点について、所得税法の規定には、必要経費を控除すると定め、要件の明示はないのですが、裁判所は、次のように「要件」を示しました（大阪地裁平成30年4月19日判決・税資268号順号13144）。

「ある支出が事業所得の金額の計算上必要経費として控除されるためには、当該支出が事業所得を生ずべき業務と合理的な関連性を有し（**関連性要件**）、かつ、当該業務の遂行上必要であること（**必要性要件**）を要すると解するのが相当である。」

ここには、かっこ書に「要件」の名前まで記載されています。

これを整理すると、必要経費にあたるためには、

①**関連性要件**（当該支出が事業所得を生ずべき業務と合理的な関連性を有すること）

②**必要性要件**（当該業務の遂行上必要であること）

の2つを満たすことが必要になります（**2要件**）。

③判断基準は何か？

では、これらの要件は、どのように判断すべきでしょうか。「③判断基準は何か？」です。

この点について裁判所は、続けて次のように判断基準を示しました。

「必要経費該当性（関連性要件及び必要性要件）の判断に当たっては、投下資本の回収部分に課税が及ぶことを避けるという必要経費の控除の趣旨に加え、家事上の経費との区別や恣意的な必要経費の計上防止の要請等の観点も踏まえると、関係者の主観的判断を基準とするのではなく、客観的な見地から判断すべきであり、また、当該支出の外形や名目等から形式的類型的に判断するのではなく、当該業務の内容、当該支出及びその原因となった契約の内容、支出先と納税者との関係など個別具体的な諸事情に即し、社会通念に従って実質的に判断すべきである。〔傍線は筆者〕」

少し長いですが、傍線部分が、関連性要件と必要性要件の「**判断基準**」になっています。傍線を引いていない部分には、そのような基準を導いた「理由」が記載されています。なぜ、所得金額を計算する際に「必要経費」を控除すると所得税法が規定したのか、その立法がなされた趣旨目的（立法趣旨。略して「趣旨」）に言及されていますね。**「趣旨」とは、規定がつくられた理由のこと**です。裁判所が、法律が規定された趣旨から「要件」を「解釈」したことがわかります（法解釈）。

④認定事実は何か？

では、「④認定事実は何か？」は、どうだったのでしょうか。少し詳細になりますが、認定された事実の要旨は、次のようなものでした。

- B社の目的は、上下水道、給排水、衛生設備及び浄化槽設計施工等であり、本件配達販売や労働者派遣は含まれていない。
- Xは、本件配達販売等の業務の遂行に必要な液化石油ガスの販売登録及び保安機関の認定を受けていたが、B社は、上記登録及び認定を受けていなかった。
- Xは、Aの事業主として保有する設備、車両等を使用して本件配達販売等の業務を行っており、その燃料代等の経費もすべてXが負担し、他方でB社は、このような設備、車両等を保有していなかった。
- 委託業務に従事するのはXのみであり、B社の他の従業員らがこれに従事することは予定されておらず、実際にもそのようなことはなかった。
- XがいつB社の業務に従事するか本件委託業務に従事するかは、X自ら判断して決めており、Xは、B社の受注業務に係る現場作業等に従事した日を除く平日は、ほぼ毎日、本件委託業務に従事していた。

- 委託業務の範囲は、本件配達販売を含むAの業務全般に及ぶもので、その範囲に特段の限定はなかった。

⑤あてはめは何か？

さて、この「認定事実」④を、必要経費の「要件」の1つである必要性要件について②、「判断基準」③に沿って適用する（あてはめる）と、どうなるでしょうか。「⑤あてはめは何か？」になります。裁判所は、次のように「あてはめ」をしました。

「これらの事情によれば、Xは、本件期間において、自己の個人事業（A）に係る業務全般を、自己の保有する設備、車両等や資格を用いて、日常的に、自己の経験と判断に基づき、自己の労力及び経費負担をもって遂行していたものというべきである。そして、本件取決め又は本件取引については、契約書等の書面が作成されておらず、契約の重要な要素についても明確に定められていないなど（略）、一般的な事業者間の業務委託契約や労働者派遣契約とは明らかに異質のものであることも考慮すると、Xによる本件委託業務の遂行の実質は、B社による役務の提供（業務委託）や労働力の提供（労働者派遣）といったものではなく、正に、Xが自らAの事業主として主体的にその業務を遂行していたものというほかはない。

そうすると、Aの業務に関し、AたるXがB社に対し本件配達販売を委託し、B社がこれを遂行し、XからB社に対し本件外注費が支払われたという形式及び外観が存在するものの、その実質は、Xが自らAの事業主としてその業務を遂行する一方で、本件取決めに基づく取扱いを継続することにより、本来支払う必要のない事業主自身の労働の対価（報酬）を、『外注配達費』や『人夫派遣費』という名目で本件外注費としてB社に支払っていたものといわざるを得ない。〔傍線は筆者〕」

注）本件取決め……XとB社の業務委託のこと

たしかに、法的にみた主体（法律上の権利や義務が帰属する主体である人格）は、委託者であるX（個人）と、受託者であるB社（法人）は別です。また、XからB社に業務委託の対価として毎年600万円近くの外注費が支払われた事実もあります。しかし、それは、X自身が現実には行っていたので、わざわざB社に業務委託をする「必要」はなかった。

これが、裁判所の行ったこの事件の「あてはめ」です。

⑥結論は何か？

このようにして裁判所は、「⑥結論は何か？」について、次のように「必要経費」にはあたらないという「結論」を下しました。

「以上によれば、本件外注費は、社会通念上、Aの業務の遂行上必要であるとはいえず、必要経費該当性の判断基準における必要性要件を欠くものと認められるから、Xの事業所得に係る必要経費には該当しないというべきである。（傍線は筆者）」

複数の要件がある場合の効果の発生

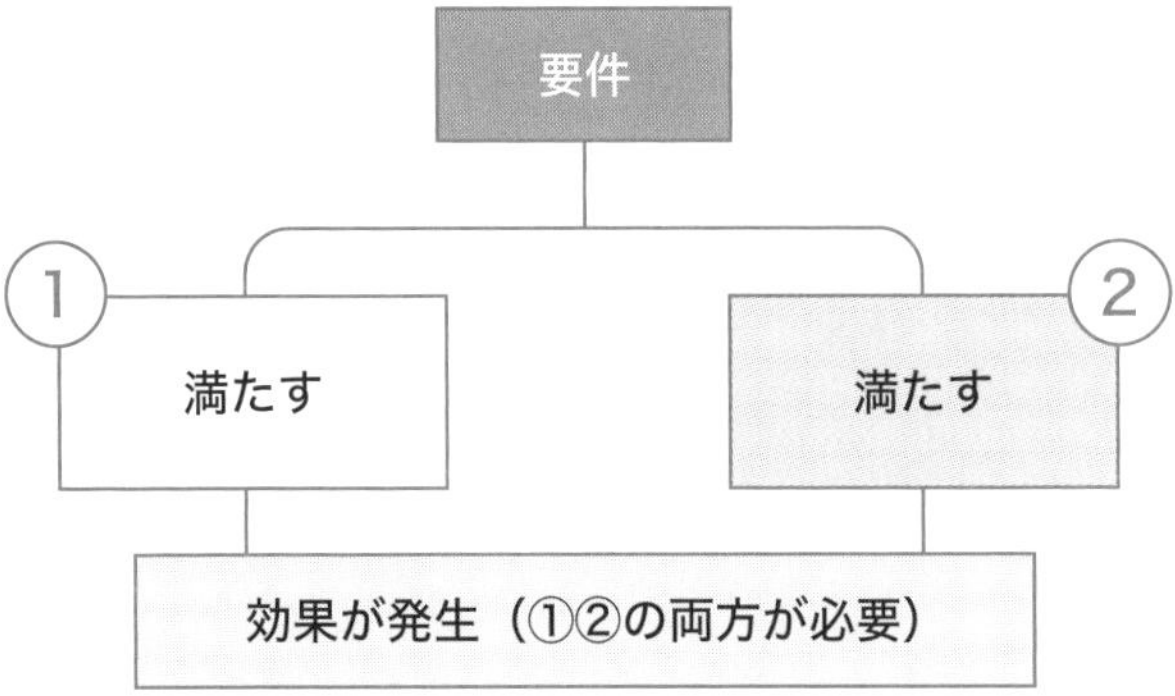

「要件」が複数ある場合、すべてを満たさなければ「効果」は発生しません。この事例では、「必要経費」としての所得金額計算の際の控除がなされるためには、①関連性要件と②必要性要件という2つの要件の両方を満たすことが必要でした。

そのため、裁判所は、このうち②「必要性要件」のみ判断を行い、これを満たさないから「必要経費」にはあたらないとしたのです。

これに対して、Xは控訴をしました。しかし、控訴審もXの控訴をしりぞける控訴棄却《ききゃく》の判決を下します（大阪高裁平成30年11月2日判決・税資268号順号13206）。

その際、判決理由のなかで、外注費の支出はXの業務との間には関連性があり、①「関連性要件」は満たすとしました。ただ、いずれにしても、第1審と同じように「必要性要件」は満たさないとしたのです。

判決に対するさまざまな見解

法的三段論法として法学のテキストで語られる「裁判の手法」ですが、こうして「6つのステップ」に分けて、そのプロセスを分析すると、法がどのように適用されるかがわかります。

法律を適用するだけだから、機械的に答えは1つであると思われがちですが、前節の事例をみると、「極限的な事例」では、価値判断によって異なる判断がなされることがあることがわかりました。本節でみた事例では、第1審も控訴審も同じ「結論」でした。

そうすると、最終的な答えは1つなのかと思われるかもしれません。しかし、じつはそうではありません。なぜかというと、このような裁判の結果（裁判例）に対しては、法を研究する者（法学者）を中心に「**判例評釈**」（判決を評論する論文）が公表されるからです。

そして、これらの見解は「**学説**」となるわけですが、**確定した裁判例であっても、「学説」**

においては「反対」とされることはあります。

この事例についても、「自分に払っているだけではないか」と考えると、裁判所のような結論になりがちだと思いますが、法律上は有効に業務委託契約が締結され、人格の異なるB社の代表取締役であり技能を有していたXが、Aに対して委託業務を遂行した事実は認定されています。その委託費は、現に配達業務などを遂行した時間数に応じて計算されており、その外注費の金額計算が不当に高額であったなどの認定がなされているわけでもありません。

つまり、裁判所は契約を実体のない無効なものと判断したわけでもなく、支払われた外注費が適正でなかったと判断したわけでもないのです。

そして、事業所得者が現に支出した費用は、収入ではなく所得（もうけである利益）に対して課される仕組みになっている以上、投下資本部分にあたり課税はされるべきでないと考えることは自然です。

このように考える裁判官が、もしいたとすれば、必要性要件も満たし「必要経費」にあたるとして、Xを勝訴させたかもしれません。

その場合、「6つのステップ」のうち、どの部分を操作すればよいでしょうか。

それは、前節でみた事件と同様です。①条文も、②要件も、④認定事実も変えることはできません。そこで、必要性要件という「要件」の**「判断基準」（③）を変えればよい**のです。**そ**

うすれば、⑤あてはめも変わり、⑥結論も変わります。

実際、この裁判所の判断基準は、法形式を無視して実質的にみてよいという考え方を採用しているのですが、この点については「**学説**」から批判がなされています。

たとえば、次のような見解です。

- 「法人が現に存在し、その支払いが現実に存する以上、これを『必要性要件を欠く』というのみで必要経費該当性を否定するのは、いささか乱暴な議論と言わざるを得ない。」（長島弘教授の見解）
- 「有効に成立した業務委託契約のもとで、当該支出が直接関連性ありと判断されながら必要性なしとしてすべての支出が否認されているがこのような結論は問題が残る」（占部裕典教授の見解）

法律上有効にされた行為を税法上否定するための定めを「**否認規定**」といいます。本件は、同族会社への支払でした。同族会社にはこの否認規定があります。これを適用して、所轄税務署長は業務委託契約を税法上「否認」する「**更正処分**」をしました。更正とは、納税者が申告した税額を訂正する行政処分です。

しかし、裁判では「必要経費」にあたらないという主張をメインに軸にすえて国は戦い、裁判所も、この国の主張を認めたのです。

学説からは、更正処分は、このように同族会社の行為を否認する規定が適用されていたのだから、その条文の適用を判断すべきだったのではないかという批判もなされています。

たとえば、次のような見解です。

●「……当該納税者にとっては、事実として一定の行為をした後において、事実として全く行わなかった別の行為をしたはずだと決めつけられて、いわば事後的、遡及的に課税がなされることを意味する。」（田中治教授の見解）

●「……行為を否認したに等しいといえるが、原則要件である必要性要件に、そこまで踏み込んだ判断を行うことを可能とする法的根拠はないように思われる。」（木山泰嗣教授の見解）

あっ。最後の見解は、本書の筆者であるわたしの見解でした（笑）。

BUKININARU

第１章 まとめ

第1章では、「法的三段論法」を解説しました。プロセスを分けて検討する、「法学」の思考法の基本です。具体的には、「3つのプロセス」からなる三段論法を、さらに「6つのステップ」に分析し、2つのケースを実例として詳細をみました。

法的三段論法を「6つのステップ」に分けて、それぞれのプロセスをみることで、法の適用がどのようになされるかについて、具体的なイメージができたのではないでしょうか。

他方で、裁判所の判断が分かれることがあったり、分かれなくても学説からは批判されることがあったりすることも知り、「法の適用というのは、むずかしいものなんだなぁ」とも、思われたかもしれません。

もちろん、そのようにみることもできます。しかし、法律家からすると、そもそも「法律」とは、このように「使うもの」だという考えがあります。

立場を変えて、考えてみましょう。贈与税回避事件では、原告には代理人として弁護士がついており、「住所は香港である」と主張していました。

逆に、被告には国の代理人である訟務検事《しょうむけんじ》がついており、「住所は日本国内である」と主張していました（訟務検事とは、このように国を被告として提起された行政訴訟の代理人をする法律家のことで、検察官や任期付きで出向した裁判官などが担います）。

異なる判断をした各裁判所の裁判官もしかりです。そして、必要経費の事件にも、同様に異なる主張をする原告と被告それぞれに代理人がいました。そして、判断をした裁判官がいたり、批判をする学者もいたりしましたよね。

このように、法律家は、①条文や、④認定事実という、法適用の基礎になる部分が同じでも、**法解釈という技術を使って、自らが正しいと考える価値判断に基づいた⑥結論を導くためのロジックを構成することを仕事にしています。**

その際には、条文に規定された②要件は何なのかについて、独自の解釈を展開する方法もありますし、②要件は同じでも、その③判断基準について独自の展開をする方法もあります。

2つの裁判では、②要件は同じものと考えていましたが、たとえば、必要経費の事件で、Xは、じつは①関連性要件を満たせば「必要経費」にあたり、②必要性要件の検討は不要であるという主張（①関連性要件を満たせば、②必要性要件も満たすことになるという主張）をしていました。

「判断基準」については、**（1）どんな「要素」を考慮事情として取り入れるか**という問題と、

（2）どのような「観点」を視点として使うかという問題の2つがあります。そして、後者の「観点」については、ケースでみたように、**（ｉ）実質でみるか形式でみるか、（ⅱ）主観でみるか客観でみるか**、といった「重視する視点」がポイントになります。

序章も踏まえて考えると、国会がつくった「法律」でも、法律家は、次の点で「理論武装」をすることが可能であることがわかるでしょう。

つまり、第1に、「法律」が「憲法」に違反するので無効であるという主張（**違憲の主張**）が考えられます。第2に、「法律」を「事実」に適用する際の「法解釈」（要件・判断基準）について、工夫をする主張が考えられます（**法解釈の主張**）。

このうち、第1の「違憲の主張」については、めったに通用しません。よほどの規定でない限り、裁判で勝つことは困難ですが、違憲と判断された例は現にあります。

また、第2の「法解釈の主張」についても、じつは、一般の民事訴訟をする弁護士からすると、それも通常は無理だろうと思われがちです。ただ、税金の裁判のような行政（国または地方公共団体）を相手にした訴訟（行政訴訟）では、違憲判断よりもはるかに高い確率で裁判所に認められています。

もっとも、こうした裁判所の「判例」を形成するような訴訟は、弁護士の仕事のなかでは「高度な花形」の部分です。

実際には、多くの裁判では、こうした「判例」の形成にたずさわるようなものは少なく、じつは④「認定事実」が勝負になります。

つまり、序章でも第1章でも触れませんでしたが、**裁判で勝つためには、要件を満たすための「事実」を立証することが重要**なのです。

その意味で、訴訟の当事者（またはその代理人）として訴訟追行《ついこう》をする弁護士や検察官は、いかに有利な「証拠」を収集して、これを裁判所に提出できるかが「仕事」のかなめになります。裁判所が行う④「認定事実」は、当事者が提出した証拠に基づいてなされるからです。この点は、第4章で説明します。

その前に、本章を踏まえ、次章では「主張」と「反論」とは何かについて、簡単に整理してみたいと思います（ディベート思考）。

参考文献等

- 占部裕典「所得税法における必要経費の概念と判断基準」同志社法学71巻1号（2019年）113頁
- 木山泰嗣「判批」税経通信76巻1号（2021年）199頁
- 田中治「判批」TKC税研情報29巻3号（2020年）13頁
- 長島弘「判批」税務事例51巻4号（2019年）28頁

第2章

主張と反論

──「ディベート思考」による「論理の構成」方法

紛争には「主張と反論」が常にある

当事者の紛争を解決するために、法は解釈され、適用されることがわかってきたと思います。これは、まさに裁判を司《つかさど》る「司法権」の定義にみたとおりです。

しかし、実際の裁判の内容をみないと、その本当の意味はなかなかつかみにくいものです。そこで本書では、序章、第1章を通じて、実際の裁判の内容をみました。

いきなりむずかしい裁判の実際だったな、と思われた方もいるかもしれません。その場合は、本書を最後まで読んでから、ぜひ序章、第1章に戻って再読してみてください。

さて、法学では、こうした「紛争」を対象にするため、「主張と反論」が常に登場します。これは、裁判で当事者がぶつけあう攻防にあらわれます。

裁判の仕組みについては、まだ少し早いので、おわりのほうで説明します。

ここでは、法学を学ぶ学生が、大学のゼミなどで行うことが増えている「ディベート」の思考法を簡単にみたいと思います。素材は、すでにみた前章の2つの裁判で考えます。

BUKININARU

1

「法律上の主張」と「事実上の主張」とは？

裁判では、「主張と反論」の攻防があります。判決文をみると、必ず記載があるのは「当事者の主張」という欄です。

当事者の主張とは、裁判の当事者である原告と被告のそれぞれの主張をまとめたものです。判決文を読むにあたっては、当事者がどのような主張をし、反論をしていたのかをみることが必要になるということです。

その法的な意味を正確にみようとすると、民事訴訟法で学習するような「否認《ひにん》」と「抗弁《こうべん》」といった専門用語が登場し、ややむずかしさを帯びます。この点は、本書でも簡単にあとで説明をします（第4章参照）。

ただ、せっかく「ホットな裁判の攻防」を「6つのステップ」を通じてみたところです。その熱が冷める前に、その流れで「主張と反論」の話を、本章ではみていきます。

2つの「当事者の主張」

裁判における「当事者の主張」には、2つあります。

1つが「**法律上の主張**」で、もう1つが「**事実上の主張**」です。これは「法的三段論法」を思い出していただくと、そこにぴたりとハマります。法的三段論法を前章では細分化して「6つのステップ」に分けましたが、おおもとの三段論法はどうなっていたでしょうか？

そうですね。大前提としての「法解釈」があり、小前提としての「事実認定」がありました。

このうち、**前者（法解釈）についての主張が「法律上の主張」**です。そして、**後者（事実認定）についての主張が「事実上の主張」**になります。

民事訴訟法のルールでは、前者については裁判所が判断すべきものと考えられています。当事者の主張はなくても裁判所は法解釈を行うことができるのです。しかし、実際には、前章でみた2つのケースのような「行政訴訟」では、法解釈が「結論」に大きく直結するため、当事者の主張を考える代理人（法律家）は、「法律上の主張」にも注力することになります。

ケース①（贈与税回避事件）でいえば、「Xの住所が日本国内にあったといえるか」が争点でしたから、その解釈として「住所」をどのように判断すべきかという「法解釈」についての主張に大きな力点が置かれていました。これは、まさに「法律上の主張」で、当事者の攻防がなされていた例といえるでしょう。

もっとも、法律上の主張については、その対象である**「法解釈」は裁判所の専権事項**とされています。ですから、仮に当事者が主張をしなかったとしても、裁判所は「住所」の法解釈をすることが求められます。そして、当事者が行っていなかったような主張であっても、裁判所は法解釈を判決で展開することができます。

これに対して、「事実上の主張」については、当事者に主張すべき責任があります（**主張責任**）。また、その主張に沿う「事実」があることについても、当事者が証拠を提出して「立証」しなければなりません（**立証責任**）。

この主張責任と立証責任についての詳細は、第4章で説明します。

ここでは、ケース①（贈与税回避事件）で考えると、「住所が日本国内にあった」と主張する国（被告）は、Xが日本に1年にどれほどの日数滞在していたのか、Xの財産は日本にどれほどあったのか、Xは日本のT社で役員としてどのような業務をしていたのかなどの「住所が日本国内にあった」という事実（これは、立証すべき直接の対象になるため「**主要事実**」といいます）を立証するための「**間接事実**」（主張事実があることを推認《すいにん》させる事実）を立証することになります。

主要事実と間接事実の詳細についても、第4章で説明します。このように「事実上の主張」については、そのような事実があると「主張」する責任は当事者にあり、その「事実」を立証

裁判の役割分担

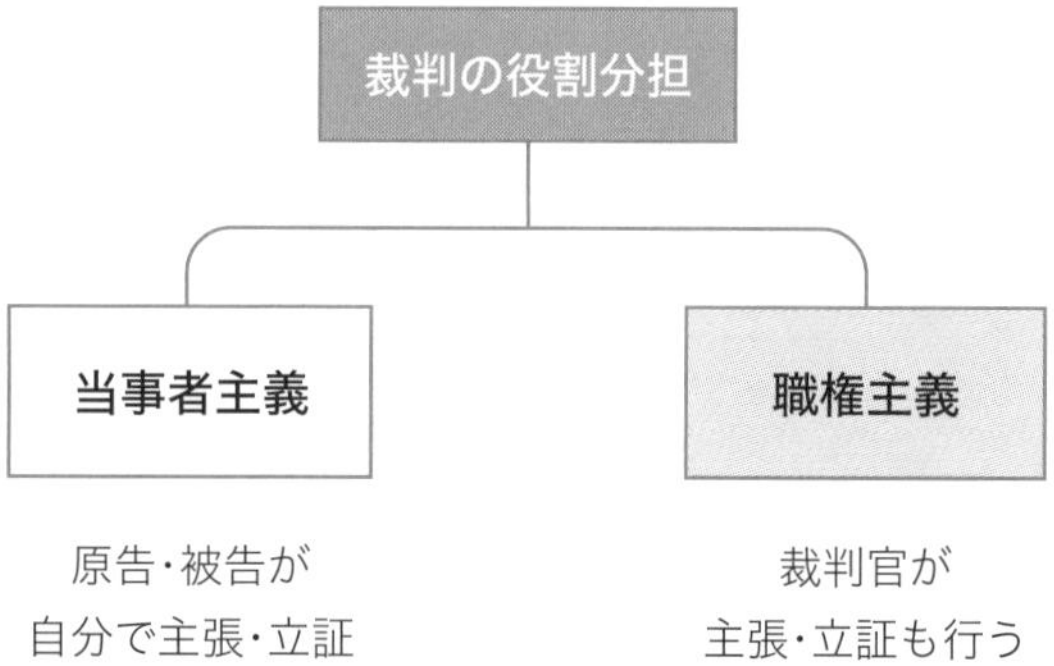

するのも当事者の責任になります。

この「責任」というのは、裁判における「役割分担」のことです。当事者に主張・立証の役割を担わせる考え方を、「**当事者主義**」といいます。逆に、裁判官に役割を担わせる考え方を「**職権主義**」といいます。

法的三段論法でいうと、**法解釈では「職権主義」がとられていて、事実認定では「当事者主義」がとられている**、ということです。なぜかといえば、法令の解釈は「裁判所がプロ」だからです。そして、その事件における事実については関係者である当事者が最も詳しいはずだからです。事実は事件の「当事者がプロ」と考えるのです。

ディベートで主張と反論を考える

役割分担はこのあたりにして、次はダイナミックに、2つのケースにおける主張と反論を考えてみましょう。ここでは、法学部のゼミでよく行われるディベートを念頭に置きます。

ディベートとは、あるテーマについて「賛成」「反対」などの立場をあらかじめ決められて、その立場に即して、テーマの答えを基礎づける「**主張と反論**」をぶつけあうゲームです。

前章の2つのケースについて、いずれもわたしのゼミでは、ディベートをやったことがあります。「納税者側」（原告）と「課税庁側」（被告）に立場を分けて、ケース①であれば「Xの住所は国内にあったといえるか？」というテーマを、ケース②であれば「本件外注費は必要経費にあたるか？」というテーマを設定します。

ディベートの細かなルールはさまざまあるので、ここでは記しません。ざっくりいうと、まず、所定の時間内に、それぞれの立場から「主張をまとめた書面」である「**立論**《りつろん》」を読み上げます。それを踏まえて、それぞれ相手の立場に「**質問**」をし、受けた質問に対して「**回答**」をします。最後に「**最終弁論**」をその場でまとめて口頭で行います。だいたい、こんなイメージです。

審査員が3名いれば、その3名の審査員はどちらのチームに説得力があったかを判定し、勝ち負けを出します。そのうえで審査員が「勝ちとするチーム」が多かったチームが勝利となります。AチームとBチームが対戦した場合、3人の審査員が全員Aチームを勝ちとすれば「3－0」でAチームの勝利となり、2人の審査員がAチームを勝ちとすれば「2－1」でAチームの勝利となります。これに対して、１人の審査員だけがＡチームを勝ちとすれば「１－２」でＡチームの負けとなり、０人の場合は「０－３」でＡチームの負けとなります。

正解があるのではなく、説得力のあるほうが勝つゲームになります。ただし説得力は、客観的な立場で審査員が判断します。

ディベートにはさまざまな方法があります。わたしのゼミが参加している30年の歴史のある「四大学税法ディベート大会」では、チームが１つの立場で終わる方式ではなく、前半戦と後半戦に分けて、１試合で必ず「納税者」と「課税庁」の双方の立場からディベートをします。立場が変わる後半戦は、最初はあたまも混乱します。しかし、同じテーマについて**異なる立場を経験することで、「法的な議論」も、要するに「論理」（ロジック）の組み立て方であることが学生もわかってきます**。法解釈により規範をつくることができる楽しさを、学生は感じるようです。

そして、その際に、ソクラテスの「論理学」だけではない要素として、「法解釈」が入るため、「法学」ディベートでは、「法律上の主張」をすることに特色が生じます。また、認定事実に、みずから解釈した「法規範」（規範）を「あてはめ」るという作業も重要になります。

ここでは、ディベートのうち、「立論」の考え方に次いで「主張」の方法をみたいと思います。

BUKININARU

2 ケース①（贈与税回避事件）を素材に「主張と反論」を考える

まず、ケース①（贈与税回避事件）については、たとえばですが、次のように主張を考えることができるでしょう。

納税者の主張

相続税法上の「住所」は、民法が規定する「住所」と同じように考えるべきである。同じ文言が使われている以上、法概念は統一して考えることが法的安定性に資するからである。民法の「住所」は、「生活の本拠」とされている。そうであれば、実際に「生活」をしていた拠点が「住所」になる。そうすると、「住所」は、現実に生活をしていた拠点がどこにあるかを、客観的にみて判断すべきである。

これを本件についてみると、Xは1年のうち3分の2以上を香港のアパートで暮らしており、日本に滞在していたのは3分の1に過ぎなかった。家族は、東京の居宅に住んでおり、日本のT社の業務で日本に訪問した時にこの居宅に滞在していたとしても、「生活の拠点」とはいえない。

よって、贈与を受けた時におけるXの住所は香港であり、「国内」にあったとはいえない。

したがって、Xに贈与税の納税義務は生じない。

課税庁の主張

相続税法上の「住所」は、所得税とは別に、遺産の承継によって生じる富の蓄積に着目してつくられた相続税・贈与税の納税義務の成立要件である。民法の「住所」が生活の本拠として、客観的に判断すべきものとであるとしても、相続税法上の「住所」は同法の目的を重視し、租税回避を認めないように解釈をすべきである。それが同法の目的に沿う解釈になる。

そうであれば、相続税法上の「住所」とは、現実に生活をしていた拠点がどこにあるかであるとしても、滞在日数のような形式的な判断をするのではなく、居住意思も考慮したうえで実質的に判断すべきである。

これを本件についてみると、Xは、贈与税を回避するために、贈与の数年前にT社の香港法人に赴任し、滞在日数も調整していた。財産の所在をみても東京の居宅に大部分があり、香港のアパートは賃借した簡易な居住まいであったため、東京居宅が生活の拠点といえる。**よって**、贈与を受けた時におけるXの住所は東京の居宅であり、「国内」にあったといえる。したがって、Xに贈与税の納税義務は生じる。

法的三段論法でいうと、**「これを本件についてみると……」の部分が「あてはめ」で、「よって……」の部分が「結論」**です。それ以前の部分で、条文を解釈して要件と判断基準の規範を定立した「法解釈」がなされています。

いかがでしょうか。法的三段論法を使うと、同じ事実でも、このように論理的に、説得力のある主張ができるようになります。

また、同時に、どちらもそれぞれの考える正義から主張が構成されていることがわかるでしょう。

ディベートでは、こうして立論では、「どちらも説得力があるな」となっても、そのあとに口頭での質問と回答があります。そこで、自説をかためられるか、相手の主張を崩せるかがポイントになります。

BUKININARU

3

ケース②（同族会社必要経費事件）を素材に「主張と反論」を考える

次にケース②（同族会社必要経費事件）については、これもたとえばですが、次のように主張を考えることができるでしょう。

納税者の主張

所得税法が、事業所得の金額を計算する際に、総収入金額から「必要経費」の控除を規定したのは、事業を遂行して所得を得るための投下資本の回収部分に課税が及ぶことを避けるためである。

そうであれば、当該業務に関連する支出が現になされたのであれば、その支出が当該事業にとって有益といえる程度の必要性がある限り、必要経費としての控除がなされるべきである。

したがって、ある支出が「必要経費」にあたるためには、①当該業務に関連性を有し（関連性要件）、②当該事業を遂行するために有益といえるものであればよい（必要性要件）。

これを本件についてみると、本件業務委託は、XのLPガス等の小売業に関連性を有する配達業務についてなされており、関連性を有する（①）。また、当該業務を適正金額で外部に委託することは事業遂行にとって有益といえる（②）。

よって、本件外注費は「必要経費」にあたる。

課税庁の主張

所得税法が、事業所得の金額を計算する際に、総収入金額から「必要経費」の控除を規定したのは、事業を遂行して所得を得るための投下資本の回収部分に課税が及ぶことを避けるためである。

そうであれば、必要経費といえるためには、事業として行われる業務に関連する支出であることに加え、その支出が客観的にみて必要であるといえなければならない。

したがって、ある支出が「必要経費」にあたるためには、①当該業務に関連性を有し（関連性要件）、②客観的にみて所得を得るために必要があることが求められる（必要性要件）。

これを本件についてみると、本件業務委託は、Xの小売業に関連性は有する（①）。しかし、業務委託をしたB社には、当該業務を行う法令上の資格も物理的な設備もなく、現実に業務を行ったのはX自身だったのだから、客観的にみて支出の必要性はなかった（②）。

よって、本件外注費は「必要経費」にあたらない。

必要経費の要件と判断基準をどのようにとらえるかについては、最高裁判例（先例）がありません。そのため、納税者も課税庁も（判例にとらわれずに）自由な主張ができますが、その分、なかなか決め手もありません。

結局、納税者は「必要経費にあたる」といえるための「ロジック」を構築することになり、課税庁は「必要経費にあたらない」というための「ロジック」を構築することになります。

正解はないため、ここでは1つの例を出してみました。実際、このテーマでディベートをしたゼミ生も、どのように「法解釈」を行い、どのような「あてはめ」を行うかについて、苦労しながらも工夫をしていました。

ゼミ生は、ＯＢや先輩、税理士さん、他大学ともこのテーマでディベートをしたのですが、そのつど、主張をブラッシュアップしていました。また、対戦相手も、さまざまな工夫をした主張をしていました。

上記の主張の例をみて、しっくりこないと思われる部分があったとしても、しごく当然の感覚だと思います。

でも、実際に書いてみると、思うようにはいきません。それは、法的三段論法という「6つのステップ」という枠組みにはめこみながら、決められた事実（認定事実）をもとに、立場ごとに「必要経費にあたる」あるいは「必要経費にあたらない」というゴールに向けた「論理」を構成しなければならないからです。

あなたなら、どのような主張をしますか？

BUKININARU

第2章 まとめ

第2章では、第1章でみた法的三段論法のプロセスを前提に、2つのケースで、どのような「主張」をすればよいかの例を、それぞれの立場から具体的に検討しました。

「主張と反論」という視点は、このようにディベート感覚で、1つのゲームとしてやってみると面白いです。面白いだけでなく、冷静なロジックを磨き上げる練習にもなります。

なぜかというと、**ディベートでは、自分の立場を、自分で選ぶことはできないからです**。個人の価値判断や感情によって選び取られた「立場」は、往々にして「感情的」になります。もう、その立場以外は考えられないし、他の立場を許容できないからです。

テレビや日常でも、ヒステリックともいえるような感情論の「主張と反論」を、あなたはみかけることがないでしょうか？

そのようなものをみていると、何だか「主張」をすることや「反論」をすることは、「いやな気分をともなうもの」＝「自分の価値判断を否定されるもの」としてとらえられがちです。

しかし、法律家、たとえば弁護士は、依頼者に寄り添うだけで、自分の考えで「立場」を選んでいるわけではありません。判断をする裁判官は、ニュートラルに答え（結論）を示す必要がありますが、あくまで大量にある事件の1つを「**ロジック**」（法的三段論法）を使って、処理していくに過ぎません。

また、それは「**論理の構成**」として、判決文に「**法的三段論法**」で示されるため、学説からの批判にさらされますし、敗訴した当事者から控訴や上告がなされます。控訴審や上告審という「上《うえ》」の裁判所に「自分の書いた判決は、破られる」可能性が、下級審の裁判所には常にあるわけですが、**自分の考え抜いた「論理」に裁判官は自信をもっています**。

それでも「上が破るなら、それはそれで」と、下級審の裁判官は思っています。実際、司法修習時代にそのように裁判官が言っているのを、目の当たりにしたことがあります。

「今日の判決は、上では破られるかもしれない。賛否分かれるだろう。でも、わたしは、この判決が正しいと思っている」

そのように言う裁判官がいました。**ディベートでは、前半戦と後半戦で「立場」が180度変わります**。さっきまで「必要経費にあたらない」と課税庁の主張をしていた人たちが、後半戦になると「必要経費にあたる」と真顔で主張をし始めます。

このような**「論理の構成」を訓練するのが「法学」**なのです。そして、法律家はそうした**「論理のゲーム」**に慣れています。

「論理の構成」は、法的三段論法という枠組みを常に使う必要があります。勝っても、負けても、個人の「価値判断」が否定されたわけではありません。

負けた場合、相手のロジックが「説得力」において上回ったと、ディベートでは考えます。

また、判決で負けた場合でも、弁護士は「では、控訴審でがんばろう」と考えます。

ケース①の事件で、納税者は「控訴審」では負けました。しかし、このような判決が下されても、あきらめずに「上告」をして、「上告審」で逆転して勝ったのです。

さて、ここまで少し「ホットな法律論」を展開してきました。

次章では、裁判で熱くなった議論を少し冷まし、法学の「ベーシックな考え方」を説明します。それぞれの法分野における「原理原則」は何か、という視点です。

参考文献等

- 木山泰嗣『小説で読む民事訴訟法』(法学書院、2008年)
- 木山泰嗣『税法思考術』(大蔵財務協会、2020年)
- 木山泰嗣『入門課税要件論』(中央経済社、2020年)

第3章

「そもそも論」から考える「法学的基本思考」の方法

──目的思考と原則思考

「目的から考える」「原則から考える」という思考法

法律家というと、「六法全書」を暗記しているイメージが、昔もいまもあるようです。

法学部に入学したばかりの大学1年生の最初の授業で、「司法試験って、試験会場に六法が置かれているんですよ」という話をすると、みなさん驚かれます。授業のあとに提出されたリアクション・ペーパーを読んでみると、「弁護士は六法を暗記していると思っていました。試験会場に六法があって、それを自由にみてよいなんて知りませんでした」という感想です。

この感想に対して、本書を読み進めてきたあなたは、「いや、それは『主張と反論』を『論理』で構成するのが法律家の仕事だからね」と思われたかもしれません。そのイメージは、本書の「法的三段論法」の「6つのステップ」で、すでに具体的になったと思います。

ケース①（贈与税回避事件）と、ケース②（同族会社必要経費事件）ですね。法律の「条文」は同じで、そこに適用される対象である「認定事実」が同じでも、「住所は国内か」「必要経費にあたるか」という具体的な争点の「結論」がゴールとして定まると、あとは、それぞれの「立場」から「論理」を構成する。それが、「法律家の仕事」でした。

さて、法律家には、もう1つ、常に使っている思考があります。それは、**「目的から考える」「原則から考える」という思考法**です。

「論理の構成」をするにあたって、ケース①では「租税法律主義」という憲法の大原則があるため、課税の要件は法律で定めることが必要であるという「課税要件法定主義」が導かれ、租税回避の意図があるかどうかは「住所」の認定に影響させることはできないという考え方を示しました。

他方で、課税庁の立場からすると、課税は公平でなければならないという「租税公平主義」がおおもとの発想にあったと考えられます。租税回避を考えて住所を外国に移してから贈与をした者には贈与税が課せられなくなり、何も考えずに贈与した者には贈与税が課される。「これでは、公平な税負担とは言えないのではないか？」という考え方です。

実際、ケース①の判決について、税法学者は「租税法律主義と租税公平主義」の衝突という観点から、さまざまな論文を発表しています。

これは、むずかしい問題ですが、学説としては、憲法の大原則である「租税法律主義」がやはり重要であるという方向性で、ほぼかたまっています。

- 「租税法律主義の内容である予測可能性原則は、租税公平主義に優先する。したがって、実質的な税負担の公平性の確保を理由として、納税者の予測可能性を害する法解釈や処分を行うことは認められない。」（佐藤英明教授）
- 「租税法律主義の存在意義は租税法律関係における予測可能性の確保にあることに異論はな

いはずである。そうすると、恣意的課税の排除を本質とする租税法律主義が租税公平主義に優先されるべきであり、この考え方は学説ばかりでなく判例においても維持されるべきである。」（増田英敏教授）

租税法律主義が重視されるのは、課税の公平を考え、租税回避を防止する必要があるときには、法改正をすればよいからです。そして、法改正によって対応することこそが、租税法律主義に合致するからです。

次に、ケース②では、必要経費にあたるかどうかの判断基準を考える際に、「そもそも、なぜ所得金額を計算する際に必要経費が控除されるのか」という、必要経費制度の立法目的（立法趣旨）から考えるものがありましたね。これも、じつは、「そもそも『所得』とは……」という問題である「所得概念」という基本原則にたどりつく思考法でした。

このように、「そもそも……とは？」という「そもそも論」をすることが、法的思考にはあります。その対象は、その法分野の「目的」に立ち返る場合もあれば、その法分野に存在する「基本原則（原理原則）」から考える場合もあります。

これらを大きく分ければ、**①法の目的から考える方法（目的思考）**と、**②基本原則から考える方法（原則思考）**、**③原則か例外かで考える方法（原則・例外思考）**といえます。

具体的にみていきましょう。

BUKININARU

1 法の目的から考える方法（目的思考）

法分野といいましたが、法にはさまざまな分野があります。法学部の授業の「科目」や、大学生協などで販売されている「法律書」のタイトルにあるような、「〇〇法」とネーミングされているものです。

ここで、参考までに、現在の「司法試験」の論文試験における「科目名」を挙げておきましょう。出題の分類として「公法系」「民事系」「刑事系」というグルーピングがありますが、ここではそのなかの「科目名」を挙げています。また、「選択科目」は、受験者が１つだけ選択して受験すればよいものですが、ここではすべて挙げます。

- 公法系（憲法・行政法）
- 民事系（民法・商法・民事訴訟法）

●刑事系（刑法・刑事訴訟法）
●選択科目（倒産法・租税法・経済法・知的財産法・労働法・環境法・国際公法・国際私法）

ところで、六法とは、何を指すかわかりますか？

憲法、民法、刑法、商法、民事訴訟法、刑事訴訟法の6つです。司法試験（論文試験）の科目でいうと、いまみた「選択科目」以外の「必修科目」（公法系、民事系、刑事系）の7科目から「行政法」を除いたものになります。

ちなみに、法分野名（科目名）と、法律名の違いに触れておくと、六法はすべて存在する法典（法）の名前です。ただ、それ以外の「行政法」「倒産法」「租税法」「経済法」「知的財産法」「労働法」「環境法」「国際公法」「国際私法」は、いずれもそのような名前の法律があるわけではありません。あくまで「**法分野**」の名称としてカテゴライズされたものです（なお、「租税法」は「税法」と同じ意味です。本書では「税法」と表記しています）。

参考までに（本書では細かな話になりますが）、司法試験の「試験範囲」の説明をみると、次のように整理されています。これをみるだけでも、さまざまな「法律」の集合した「法分野」が「科目名」になっていることがわかると思います。

以下は、いずれも「新司法試験サンプル問題」の説明の引用になります。

●行政法……「行政法に関する分野については、実質的、理論的、体系的な観点から、『行政法』として一般的に理解されているものが範囲となる。具体的には、行政法の基本原理、行政手続法、行政不服審査法、行政事件訴訟法、国家賠償法等のいわゆる行政手続・行政救済法のうち基本的部分、行政機関の保有する情報の公開に関する法律等のいわゆる行政情報関係法のうち基本的部分、国家行政組織法、内閣法等のいわゆる行政組織法のうち基本的通則的部分等がこれに該当する。」

●倒産法……「破産法及び民事再生法を中心として出題する。」

●租税法……「所得税法を中心とし、これに関連する範囲で法人税法及び国税通則法を含み、いずれも基本的な理解を問うものとする。」

●経済法……「独占禁止法関係の分野を中心に出題する。」

●知的財産法……「特許法と著作権法の2法を中心として出題することとし、実用新案法、意匠法、商標法、不正競争防止法等については、それ自体の知識や法律上の論点を問うことはしない。」

●労働法……「労働基準法、労働組合法などの基本法令及び労働契約に関する判例法理を中心に出題するが、男女雇用機会均等法、育児・介護休業法、労働者派遣法など、実務上重要と考えられる労働法令についても基本的な理解があることを前提とする。」

●環境法……「環境基本法の体系に属する法律を対象とし、これらに関する環境問題をめぐる訴訟及び法政策について、基本的な知識及び理解を問うものとする。都市関係法、原子力関係法以外の分野のうち、環境基本法、環境影響評価法、大気汚染防止法、水質汚濁防止法、土壌汚染対策法、循環型社会形成推進基本法、廃棄物の処理及び清掃に関する法律、自然環境保全法、地球温暖化対策の推進に関する法律を中心として出題する。国際環境条約については、それ自体についての法律上の論点や国内法と関連しないそれ自体の知識を問うことはしない。」

●国際公法……「国際法、国際人権法及び国際経済法を対象とするものとされている（平成16年8月2日付け司法試験委員会による『平成18年から実施される司法試験における論文式による筆記試験の科目（専門的な法律の分野に関する科目）の選定について（答申）』）。その出題は、国際法を中心とし、国際法の体系に含まれる範囲で国際人権法及び国際経済法を対象とする。」

●国際私法……「国際私法、国際取引法及び国際民事手続法を対象とするものとされている（平成16年8月2日付け司法試験委員会による『平成18年から実施される司法試験における論文式による筆記試験の科目（専門的な法律の分野に関する科目）の選定について（答申）』）が、国際取引法については、主として国際売買、国際運送及び国際支払に関して日本において実定法としての効力を有する法令（私法）を中心として、国際民事手続法については、国際倒産以外の分野を中心として出題する」

少し長めの引用になりました。傍線部分（筆者による）が、法律名を指しています。それらの集合としてある法分野は、「行政」「倒産」「租税」「知財」などのジャンルの名称です。そこにはさまざまな法律が存在していることが、イメージできたかと思います。

六法はどのように誕生したのか？

さて、六法の話に戻しましょう。六法とは何でしたか？

そうですね。「憲法」「民法」「刑法」「商法」「民事訴訟法」「刑事訴訟法」でした。

これらは、日本が鎖国をしていた江戸時代後期に、ペリーの黒船による外圧から、さまざまな条約を外国と締結したことを契機として、西欧から輸入された「法」の基本枠組みが「六つの法」であったことに由来します。

歴史の話の詳細は述べませんが、少しだけみておきましょう。

1889年（明治22年）2月11日に大日本大国憲法（明治憲法）が公布されます。日本で最初の西欧流の近代国家としての「憲法」の誕生でした。人権保障をし、その手段として権力の分立を定めた、国家権力を拘束する法規範ですね。

もっとも、それがこの明治憲法では、法律の範囲内でしか保障されない人権に過ぎず、法律でたびたび制約・侵害がなされたため、外見的な立憲主義だったことは、すでに述べました。

日本は各国の専門家の助けを得て、西欧に当時すでに歴史を誇るほどに存在していた法律を学び、その内容（枠組み）を、日本に合わせながらも「輸入」するような形でとりいれて「立法化」していきます。

しかし、立法をするための「国会」が、いつできたかというと、日本史で勉強された方は思い出されるかもしれません。いわゆる「**国会開設**」です。これは、じつに1890年（明治23年）です。つまり、大日本帝国憲法が公布された翌年（憲法の施行年）にようやく、その憲法にも定められた「帝国議会」（国会）が開設されたのです。

こうして、民法が「財産法」について1896年（明治29年）に、「家族法」について1898年（明治31年）にそれぞれ公布され、1898年（明治31年）に施行されます。刑法は1907年（明治40年）に公布され、1908年（明治41年）に施行されます（もっとも、旧刑法は1880年（明治13年）、治罪法（刑事訴訟法の前身）は1882年（明治15年）に制定されていました）。商法は、1899年（明治32年）に公布・施行されます。民事訴訟法と刑事訴訟法は、1890年（明治23年）に公布・施行されます。

さて、少し歴史の話をしました。法の歴史を「**法制史**」といいますが、日本がこうした憲法以下の5法（合計して6つの法）を早急に制定したのには、目的がありました。それは、**開国の際に「日米和親条約」「日米修好通商条約」などで締結させられた「不平等条約」の解消**です。これも日本史で学んだことだと思いますが、**①関税自主権が日本にはなく、②外国人が日本で罪を犯しても日本の法律で裁くことができない治外法権**がありました。

こうした不平等な条約を日本が締結させられた原因は、当時の日本に法典《ほうてん》がなく「未開」の国であるというレッテルを貼られたからです。福沢諭吉もベストセラーになった『学問のすゝめ』で、当時の日本に必要な3つを挙げた文章のなかで「法律」（法整備）を挙げていました。こうして、六法が制定され「法典の整備」がなされてから、1911年（明治44年）に不平等条約も撤廃されています。

日本は「法律後進国」であったことが、この法制史からわかります。西洋にあった「法」（西洋法）の考え方を、日本社会にアレンジしながらも受け入れるために、外国人を招へいしたり、留学をするなどして「法整備」を推進した先人の努力にはあたまが下がりますよね。このように西洋で発展してきた「法の枠組み」を受け入れ、自国の法規範とすることを「**法の継受《けいじゅ》**」といいます。

戦後にアメリカ流の違憲審査権が導入されてからも、1973年（昭和48年）にはじめての違憲判決が出たあと、違憲とされた法律の規定がその後も20年以上放置されていました。このことをみても、日本では法に対する考え方が洗練されていなかった事実が浮かび上がります。

他方で、近時の非嫡出子違憲判断（序章参照）などでは、諸外国の情勢が影響していました。現在の日本の法は、仕組みとしては整備されています。「立法府」である国会がどう考えるか次第であるとはいえ、司法府である最高裁はそれなりに自由主義的な判断を行い「立法府」に「NO」をつきつけ、法改正を促す場面があるからです（この点は、合憲と判断しながら法改正を促したケースを、第8章で取り上げます）。

法律はどれぐらいあるのか？

さて、こうして、六法が整い、100年以上が経過したいまの日本には、法律はどれくらいあると思いますか？

①　6個
②　100個

③　500個

④　1000個

⑤　2万個

正解は、⑤です。日本には、現在、約1万9000もの法律があります。六法が基本になるのですが、それらを細かく「目的」に応じて修正した「**特別法**」が無数にあります。現在の日本は、もはや「法律後進国」とはいえないでしょう。

たとえば、「憲法」という法分野で考えても、「憲法」を具体化した「法律」が大量にあります。皇室典範（皇室典範も現在は法律です）、皇室経済法、自衛隊法、国籍法、国家公務員法、請願《せいがん》法、国家賠償法、生活保護法、社会福祉法、児童福祉法、教育基本法、学校教育法、労働基準法、民事訴訟法、刑事訴訟法、行政事件訴訟法、刑事補償法、国会法、公職選挙法、裁判官弾劾《だんがい》法、内閣法、裁判所法、最高裁判所裁判官国民審査法などです。

これらは憲法に「法律で定める」などと規定があり、「法律事項」とされるものを中心に、憲法の定める内容を具体化したものです。「**憲法附属法**」といわれることもあります。

戦後間もないときにできた憲法は、1度も改正されていません。この点のみを取り上げて、「何と時代遅れだ」という批判もあります。しかし、日本の憲法は「**硬性《こうせい》憲法**」（法改正よりも改正のハードルが高い）として、「基本原則」を抽象的に定めているものです。

具体的な対応はさまざまな法律によってつくられていますし、その法律は「憲法」と違って、必要に応じて改正されています。

たとえば、憲法9条という戦争放棄をした平和主義の規定は1度も改正されていませんが、自衛隊法が制定され、改正されています。

また、日本の裁判に国民が司法参加する規定は、憲法にはありません。しかし、2004年（平成16年）に「裁判員法」（正式名称は「裁判員の参加する刑事裁判に関する法律」）が制定されました。2009年（平成21年）から施行され、刑事裁判の重大犯罪について、一般国民から裁判員が参加しています。

憲法を改正せずに、憲法の内容を具体化する法律が制定された場合、その法律の適用を受ける当事者であれば、「憲法に違反する」と主張し、その法律が違憲ではないかを裁判所で審査してもらうことができます。現に、裁判員裁判で裁かれた被告人が刑事裁判で「裁判員裁判は違憲だ」と主張した事件で、最高裁は「裁判員裁判は憲法に違反しない」との合憲判断をしています（最高裁平成23年11月16日大法廷判決・民集65巻8号1285頁）。

もっとも、日米安保条約が憲法9条に違反するかが争われた砂川事件では、高度に政治性を有する行為については、いっけん極めて明白に違憲無効といえる場合でなければ司法審査になじまないという考えが示されています（**統治行為論**。最高裁昭和34年12月16日大法廷判決・刑集13巻13号３２２５頁）。ただ、これは（問題があるかは別として）、特殊な例といえるでしょう。

憲法、民法、刑法それぞれの目的

さて、少し話がそれましたが、憲法には「**人権保障**」という目的がありましたね。これが「憲法」という法分野の目的（**法の目的**）です。憲法の問題を考える際には、常に「人権保障」を軸に思考することになります。

民法は、**市民の法律**といわれます。私人間《しじんかん》の紛争解決のための法律だからです。私人と私人の間の契約などの「財産法」と、婚姻や離婚、養子縁組、遺産相続などの「家族法」の２つを定めています。

民法には、１０５０条もの条文があります。日本で条文数が最も多い法律です。この民法の目的は、いま述べたように、**私人間の紛争解決**です。

刑法は、**犯罪と刑罰を定めた法律**です。序章で、殺人罪の話をしましたね。これらが刑法に規定されています。

刑法の目的は、**社会秩序の維持**です。そして、その機能には、「**法益保護機能**」と「**自由保障機能**」の２つがあるといわれています。犯罪を定めることで、たとえば、殺人罪であれば人の命という法益を守ります。他方で、法律で定められた犯罪でなければ、処罰されないという意味で自由を保障する機能もあります。

このように、各法分野には「法の目的」があります。細かな論点を考えるときにも、法律家は、こうした法の大きな目的に立ち返った思考をします。これを本書では「**目的思考**」と名づけました。**「目的思考」は、さまざまな場面で活用できる本質的な思考法**です。

ここでは、六法のうち「基本三法」と言われる「憲法」「民法」「刑法」（あわせて「**憲民刑**《けんみんけい》」）のみをみましたが、どの法分野をみても、それぞれの法律には必ず「法の目的」があります。目的思考は、細かな問題を考える際に立ち返ると、「**大局的な視点**」を提示してくれます。

BUKININARU

2

基本原則から考える方法（原則思考）

法分野には「原理原則」がある

法の目的は、法分野ごとに大きなものがあります。また、各法分野には、それぞれいくつかの基本原則もあります。これを「**原理原則**」ということが多いのですが、「私的自治の原則」「弁論主義」というように、「○○の原則」「○○主義」などの呼称がつくものです。

法学部の学生は、各法分野を学ぶ際に、条文には書いていないこうした原理原則を学びます。たとえば、憲法では、すでにお話をした「**法の支配**」などがあたります（ほかにもたくさんありますが、憲法の教科書ではないので触れません）。

民法では、「**私的自治の原則**」が挙げられます（ほかにもありますが、これも民法の教科書ではないので触れません）。民法を考えるうえでは、この「私的自治の原則」はとても重要です。当事者が合意しているのであれば、それを法は基本は尊重する、という考えです。

これは、さらに「**契約自由の原則**」というものにつながります。「だれと、どのような契約を、どのように締結しても、基本は自由」という原則です（相手方選択の自由、契約内容の自由、契約方式の自由、契約締結の自由）。あとでみる「強行規定」がない限り、契約はどのような内容でも自由なのが原則なのです。

もっとも、最近では「消費者契約法」などの民法の特別法があって、事業者が力をもって一方的に消費者と締結するような契約内容について「無効」とする規定もあります。このときも、「原則は『自由』だけど、例外的に『無効』とする法律の規定はあるか？」という思考をします。

刑法には、「**罪刑法定主義**」という大原則があります。これは、「犯罪」と「刑罰」は、法律で定めなければならないという考え方です。これがまさに、刑法の機能の1つである「**自由保障**」につながっています。事後法の禁止（遡及《そきゅう》立法の禁止）は、刑事罰については憲法にも規定があります。過去の行為に、その後になされた法改正をさかのぼって適用して、当時は犯罪でなかった行為を、有罪とすることはできません。

この基本原則を刑法では常に考えることになります。法律家が処罰の対象になるかどうかを

「行為」に対してみるときに、常に罪刑法定主義が頭にあります。「これはわるいことだから処罰すべきだ」「ひどい態度のやつだから起訴すべきだ」とは、ならないのです。「その行為に適用して処罰できる『法律』はあるのか？」を法律家は冷静に考えます。そして、ない場合には、法改正が必要だと考えます。法律に規定がないのに「ひどいから処罰してやれ」とは、刑法の基本原則からはできないのです。

こうした**「原則思考」ができるようになると、主観でものごとの善悪を判断することはしなくなり、客観的に「ルール」を定めた「法」を軸にした冷静な思考・判断ができるようになります。**

ケース①（贈与税回避事件）で触れた「租税法律主義」は、憲法が定める税法の基本原則です。税法学者は常に「租税法律主義」を念頭において思考をしています。そのため、この事例のように、１１００億円もの贈与税が回避された事例であっても、冷静に当時の相続税法が定める課税要件からすれば、贈与を受けた際の受贈者の「住所」で判断するしかしない。住所は「生活の本拠」だから、現に住んでいた場所でみるかしかないという思考ができます。そして、現に、そのように最高裁も考えて、巨額の租税回避であっても、憲法の基本原則（原理原則）である租税法律主義を貫きました。賛否はありましたが、多くの税法学者から高い評価を受けた判決になっています。

参考までに挙げると、最高裁判決は、次にように述べています（最高裁平成23年2月18日判決・判タ1345号115頁）。

「……一定の場所が住所に当たるか否かは、客観的に生活の本拠たる実体を具備しているか否かによって決すべきものであり、主観的に贈与税回避の目的があったとしても、客観的な生活の実体が消滅するものではないから、上記の目的の下に各滞在日数を調整していたことをもって、現に香港での滞在日数が本件期間中の約3分の2（国内での滞在日数の約2・5倍）に及んでいるXについて前記事実関係等の下で本件香港居宅に生活の本拠たる実体があることを否定する理由とすることはできない。このことは、法が民法上の概念である『住所』を用いて課税要件を定めているため、本件の争点が上記『住所』概念の解釈適用の問題となることから導かれる帰結であるといわざるを得ず、他方、贈与税回避を可能にする状況を整えるためにあえて国外に長期の滞在をするという行為が課税実務上想定されていなかった事態であり、このような方法による贈与税回避を容認することが適当でないというのであれば、法の解釈では限界があるので、そのような事態に対応できるような立法によって対処すべきものである。そして、この点については、現に平成12年法律第13号によって所要の立法的措置が講じられているところである。（傍線は筆者）」

BUKININARU

3 原則か例外かで考える方法（原則・例外思考）

同じようにみえるかもしれませんが、ここでいう**「原則・例外思考」**というのは、法分野にある基本原則を重視した思考を指すのではありません。「原則」と「例外」の2つがある場合の思考法です。結論からいうと、「原則・例外思考」においては、**「原則」がものすごく強い**ことになります。そして、**「例外」はものすごく弱い**ことになります。

法が定めるルールには、絶対的な規制もありますが、「例外」が認められる場合もあります。その例外は「法律」の条文に規定されている場合もありますが、判例が「法解釈」をする場合に、「『特段の事情』がない限り……である」として、例外の余地を認める解釈をすることがあります。

しかし、この場合、現実には**「特段の事情」が認められる可能性は、極めて低いと法律家は考えます**。その理由は、**基本的に「原則」は答えそのものを示している**からです。

ただし、その「原則」である答えを貫《つらぬ》くと、どうにも不自然で非常識な答えになってしまう場合もあり得ます。そういうときには「特段の事情」があるかを考えよう、という「例外」の余地を残すのが法律家の思考（特に裁判所の考え方）なのです。

このような判例（先例）を軸に、「特段の事情」があると裁判で主張して「例外」の結論の採用を求める当事者は、「特段の事情」があることを具体的に主張し、そのような事実があることの立証もしなければなりません。

このように「原則・例外思考」では、ほぼ「原則」が答えであると考えたうえで、「例外」を認めてもらいたい人は、主張・立証の責任を負うことになります。その立証が成功しなければ、例外の主張は通らず原則どおりになります。

ここで重要なのは、**「原則」は立証しなくてよい**ということです。あくまで原則だからです。つまり、「例外」とは、答えが常に１００％の確率で「A」であるといえない、さまざまな事件を対象にする法学の世界では、よほどの特殊ケースであれば「B」にもなる余地を念のため認めておくよ、という意味に過ぎないのです。

法律はどのように適用されるのか？

「特段の事情」となると、このようにハードルがとても高いのですが、さまざまな法律が存在する法体系のなかでは、どの法律の規定が適用されるのかが問題になる場面もあります。この事例には、Aという法律も規定があるが、Bという法律にも規定がある、という場合です。

この場合は、「原則・例外」をどのようにみるのでしょう。

この点については、「**特別法は一般法を破る**」という考え方があります。この場面では、例外である「特別法」のほうが強いことになります。これは、法の優先適用の問題ですが、**そもそも特別法は、一般法があることを前提に、ある場面について一般法を修正する規定をつくった法律**だからです。この点で、「後法は前法に優先する」という考え方もあります。

ここで、簡単に「法の分類」を示しておきます。

一般法とは、その法分野の原則を定めた法律です。私人間の法律関係を定める法分野を「**私法**」といいますが、私法の一般法は「民法」です。反対に、国家権力に関係する法は「**公法**」といいます。憲法や行政法が、これにあたります。

その「民法」は原則を定めただけなので、実際に適用される例は少なく、その原則を場面ごとに修正した特別法のほうが適用される場面は多いです。

たとえば、民法では、金銭消費貸借契約（お金の貸し借り）について利息の合意を貸主と借主でする場合、その利率に制限はありません。

しかし、暴利行為をむさぼる事業を規制するために、利息制限法という法律があって、利息の上限が定められています。これを超えて支払われたものが制限超過利息で、いわゆる過払金《かばらいきん》

法の分類

法

私法

私人間の
法律関係を定めた法
〈例〉民法

公法

国家権力と国民の
法律関係などを定めた法
〈例〉憲法や行政法

です（テレビのコマーシャルや電車の広告などに「あなたにも過払金が返ってきます」などとありますよね）。

原則と例外という視点は、このように法の優先適用の関係においては、「特別法」が適用されることがそもそも予定されているため、明確に分けられます。

しかし、判例が法解釈として示すような「原則はこうだけど、例外的にこうなる」という場合の「例外」は立証が必要になり、原則をくつがえすのはハードルが高い。これが「原則・例外思考」です。

BUKININARU

第3章 まとめ

第3章では、六法の歴史をみたうえで、「そもそも論」による「思考法」をみました。法学に存在する「基本的な思考法」のため、本書では「法学的基本思考」とネーミングしました。具体的には、次の3つでした。

① 法の目的から考える方法（目的思考）
② 基本原則から考える方法（原則思考）
③ 原則か例外かで考える方法（原則・例外思考）

③にあった法の優先適用の関係については、日常で考える場面はあまりないかもしれません。しかし、2万もある法律のバッティングを防ぐためルールがあること、その場合にも使われるほど、「原則」などの「そもそも論」から考える思考法が法学ではベーシックであることが、

わかったのではないでしょうか？

次章では、前章までみてきた「ホットな議論」にまた戻ります。「6つのステップ」があった法的三段論法のうち、特に「事実認定」の部分についての主張である「事実上の主張」について特化し、日常的にも活かすことができる「推認」の手法をみます。

参考文献等

- 新司法試験サンプル問題
- 佐藤英明「租税法律主義と租税公平主義」金子宏編『租税法の基本問題』（有斐閣、２００７年）55頁
- 増田英敏「租税法律主義と租税公平主義の衝突」税法学566号（２０１１年）３４７頁
- 内田貴『法学の誕生―近代日本にとって「法」とは何であったか』（筑摩書房、２０１８年）
- 木山泰嗣『もしも世界に法律がなかったら―「六法」の超基本がわかる物語』（日本実業出版社、２０１９年）
- 福沢諭吉『学問のすゝめ』（岩波文庫、１９４２年）
- 道垣内弘人『プレップ法学を学ぶ前に〔第2版〕』（弘文堂、２０１７年）

第4章

法律家はどのように法を使うのか？

——「間接事実」から「推認」する事実認定の手法

「主要事実」と「間接事実」とは？

この章では、日常生活にも活用できる「**推認**《すいにん》」の方法をみていきます。「推認」とは、**わかっていることから推測して、ある事実を認定すること**です。

裁判では、法を適用する対象を確定するために「事実認定」がなされました。この「事実認定」は、第1章の「法的三段論法」の「6つのステップ」としてもみたものです。

そして、「主張と反論」というディベート思考においては、裁判で自らに有利な「効果」が発生するために法が規定した「要件」を充足する事実があることを主張する「事実上の主張」としてあらわれました（第2章参照）。

法が定める「効果」が発生するための「要件」を充足することになる直接の事実を「**主要事実**」といいます。また、「主要事実」があることを推認させる間接的な事実を「**間接事実**」といいます。

たとえば、「人を殺した」という「要件」を満たせば、その行為を行った被告人には「殺人罪」が成立します。この具体的な事実が、ある裁判の起訴状によれば、「被告人がV子を刺し殺した」であったとします。このとき、被告人が犯行推定時刻に「一人暮らしであるV子のマンションの部屋から鞄《かばん》を手にもって出てきた」という事実を、防犯カメラの映像という「証拠」

裁判の認定事実

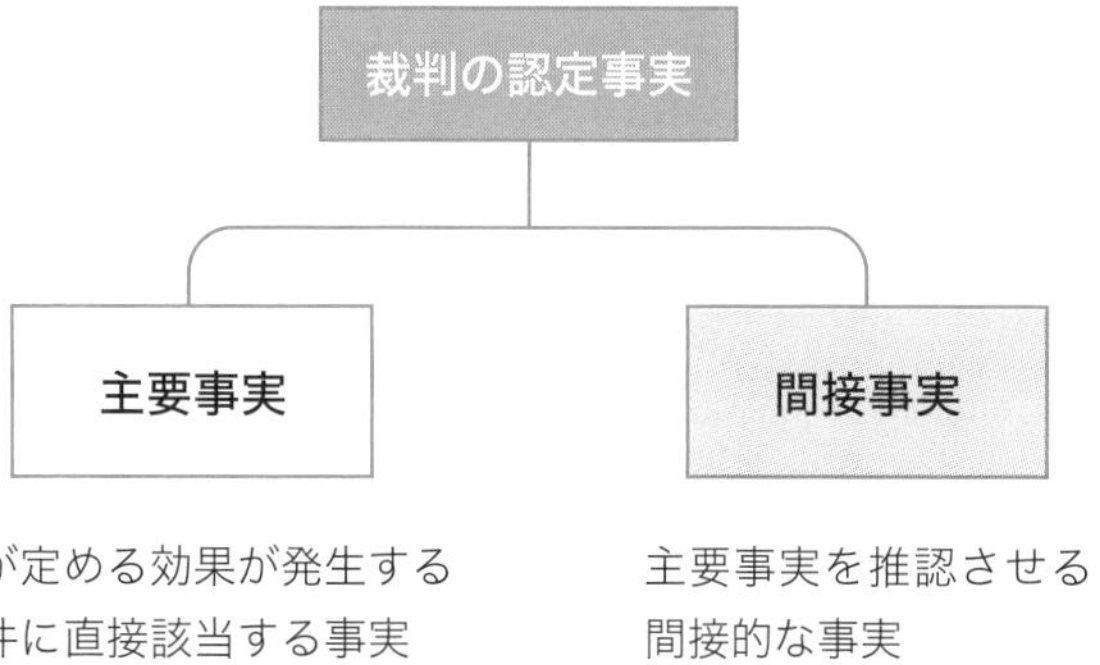

裁判で事実を証明するための証拠

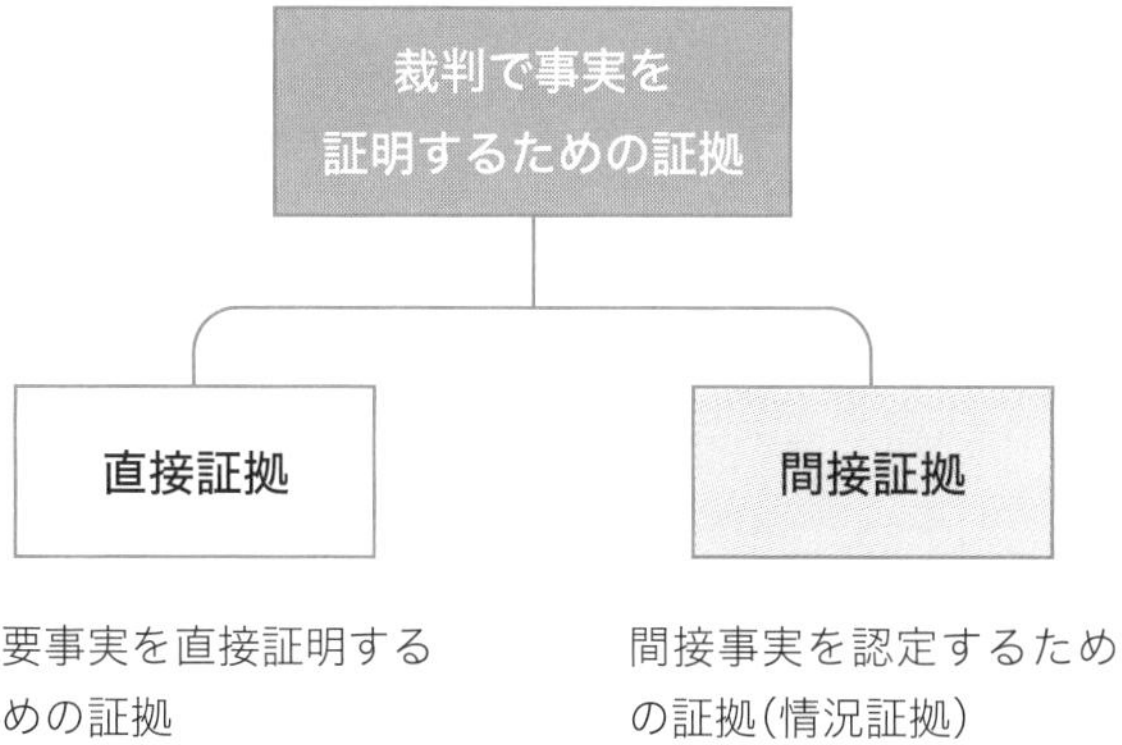

を使って「立証」したとします。

この防犯カメラには「被告人がV子を刺し殺した」映像は映っていませんので、主要事実を直接証明する「**直接証拠**」にはなりません。あくまで「情況《じょうきょう》証拠」であり、「**間接証拠**」ということになります。それでも、これが事実であるとすると、あなたは「被告人がV子を殺したのだろう」と思うのではないでしょうか。

しかし、この映像から立証される「事実」は、「被告人がV子を刺し殺した」という「主要事実」ではありません。あくまで、この主要事実を推認させる「間接事実」です。

このとき、そもそも「被告人は、V子と同棲していた」という事実があったとすると、そうであれば、自分が住んでいる「マンションの部屋から鞄を手にもって出てきた」のは、「日常生活の1シーンに過ぎないよね」ということになるでしょう。

ところが、その直後に「被告人が近くの川に鞄を投げ捨てていた」という目撃証言が出てきたらどうでしょう? さらに「そのとき被告人のシャツが真っ赤に染まっていた」という証言まであったとすると、「これは、殺したな」と思うのではないでしょうか?

いま出てきた4つの「事実」は、いずれも「被告人がV子を刺し殺した」という「主要事実」を「推認」させる「間接事実」です。

①（被告人が犯行推定時刻に）「一人暮らしであるV子のマンションの部屋から鞄を手に

もって出てきた」

②「被告人は、V子と同棲していた」

③「被告人が近くの川に鞄を投げ捨てていた」

④「そのとき被告人のシャツが真っ赤に染まっていた」

こうした「間接事実」の特徴は、1つだけでみると、必ずしも「主要事実」があったと推認できるか微妙である点にあります。

特に、②「被告人は、V子と同棲していた」という事実は、単体でみれば、中立的なものに過ぎません。また、③「被告人が近くの川に鞄を投げ捨てていた」という事実は、これだけをみると怪しくみえるかもしれません。では、被告人が、この点について、次のように供述したら、どうでしょうか？

「ああ、それですか。学生時代の友達と集まって川で遊んでいたら、甲男がどこまで飛ばせるかというゲームみたいなものを始めたんですよ。それで、1番飛ばせた人が1000円もらえるっていうかけになって、俺が鞄を思い切り投げたら、川まで飛んでしまったんですよね。ちなみに、中身は出していました」

その供述自体もいっけんすると、怪しくもあります。でも、なくもないシチュエーションともいえますよね。ところが、その鞄が後日、捜索をしたら川下から発見され、「鞄を開けたら、なかに血のついた包丁が入っていた」という事実があった。こうなると、どうでしょう？

さらに、決定打として「DNA鑑定をしたら、その包丁に付着した血痕《けっこん》は、殺害されたV子と一致した」となったとします。ここまでくると、「クロだね、これは」と思うでしょう。

では、それは、なぜでしょうか？

それは、これらの間接事実を積み重ねることによって、「被告人がV子を刺殺した」という主要事実が推認できるからでしょう。でも、ふつう人は、そのような論理的な説明は考えないでしょう。それはいわば、「クロだね、これは」という感覚的な「確信」ではないでしょうか。直感といってもよいでしょう。

こうした「確信めいた心境」にたどり着く実感ができれば、裁判官には「その事実があった」という「心証《しんしょう》」が形成されたことになります。このように「ある事実」が確かにあったであろうという「確信」を裁判官が得る状態に到達することを「**証明**」といいます。そして、この「証明」に到達するために、当事者が行う証拠の収集と提出を「**立証**」（活動）といいます。

こうした「証明」がなされたといえる状況がどのような状態なのかを、法学では「**証明度**」といいます。これは民事裁判でも、刑事裁判でも「事実認定」という分野においては、核とな

証明度についての考え方

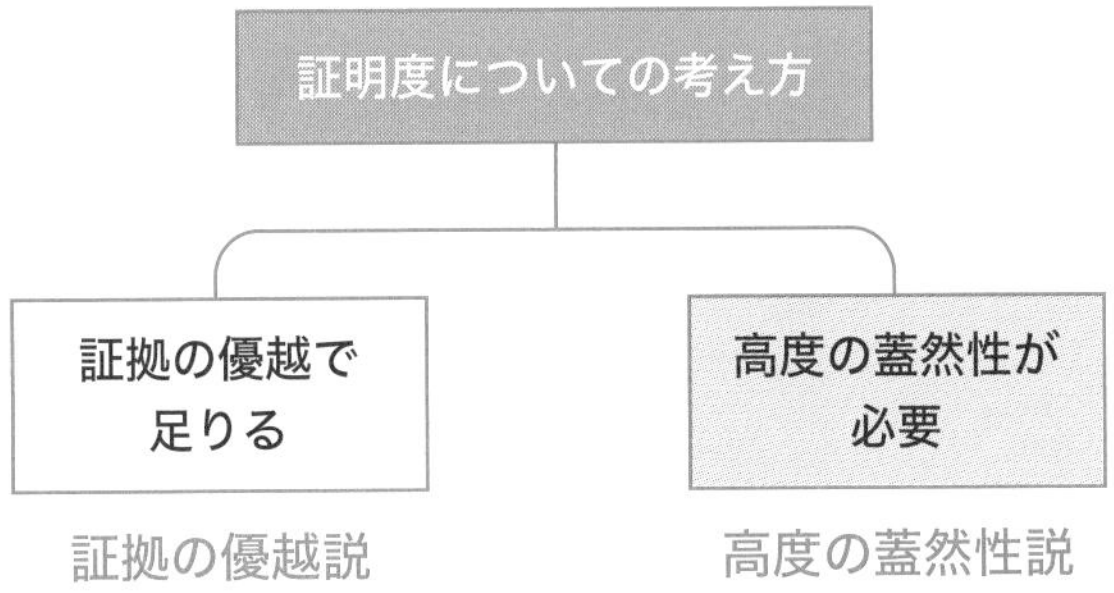

る「重要論点」になります。

細かくみると「証明度」の考え方は、いろいろあります。わかりやすい1つの考え方には、「証拠の優越」で足りるとする見解があります（**証拠の優越説**）。これは、当事者双方の「主張と反論」を「提出された証拠」を見比べたときに、相対的に真実に近いと思われるほうに軍配が上がるという考え方です。

しかし、このような考え方はとられていません。あくまで「証明」があったといえるためには、裁判官の「確信」が必要であると考えられているからです。その「確信」は、「合理的な疑いを差しはさまない状態」であり、「高度の蓋《がい》然《ぜん》性《せい》」などと表現されます（**高度の蓋然性説**）。

この点については、刑事裁判でも、次のような「判例」の考え方が示されています（最高裁昭和23年8月5日第一小法廷判決・刑集2巻9号1123頁）。

「元来訴訟上の証明は、自然科学者の用ひるような実験に基くいわゆる論理的証明ではなくして、いわゆる歴史的証明である。論理的証明は『真実』そのものを目標とするに反し、歴史的証明は『真実の高度な蓋然性』をもつて満足する。言いかえれば、通常人ならだれでも疑《うたがい》を差挟《さしはさ》まない程度に真実らしいとの確信を得ることで証明ができたとするものである。」

あまり聞かない言葉の数々があるかもしれません。まず、「**蓋然性**」というのは、法学ではよく使われる言葉で、**高い可能性**のことです。ここでは「証明」とは、「高度の蓋然性」という「確信」状態をいうことが述べられています。

その前に登場する「歴史的証明」と「論理的証明」ですが、裁判の「証明」は、あくまで自然科学のような完ぺきな100％「絶対」であるという「唯一無二の真実」への到達までは不要で、「真実であると考えられる高度の蓋然性」（＝裁判官の確信）が得られれば、「証明」があったと考える「**歴史的証明**」であるという考え方が説明されています。

なお、この事例は、旅館の隣室に宿泊していた知らない人のレインコートの内ポケットから財布を抜き取った被告人が「交際のきっかけをつくるためだった」として、窃盗罪の故意がないと弁解したものだったのですが、この最高裁判決は、この点については、次のように述べています。

「なるほど、かゝる主張のようなことも、不完全な人間の住むこの世の中では全然起り得ないことではないであらう。しかし冒頭に述べたような事実があつたとしたら、それが盗んだのではなくて、交際のきつかけを作るために隠したに過ぎないということが判明するまでは、普通の人は誰でもそれは泥棒したのだと考えるであろう。これが、吾々《われわれ》の常識であり又日常生活の経験則の教えるところである。」

ここには「経験則」についての言及がみられます。

さて、次に、民事裁判でも「証明」については、同じように次のような「判例」の考え方が示されています（最高裁昭和50年10月24日第二小法廷判決・民集29巻9号1417頁）。

「訴訟上の因果関係の立証は、一点の疑義《ぎぎ》も許されない自然科学的証明ではなく、経験則に照らして全証拠を総合検討し、特定の事実が特定の結果発生を招来《しょうらい》した関係を是認《ぜにん》しうる高度の蓋然性を証明することであり、その判定は、通常人が疑を差し挟《はさ》まない程度に真実性の確信を持ちうるものであることを必要とし、かつ、それで足りるものである。」

「因果関係の立証」について述べられていますが、これが民事裁判における「証明」の一般的な考え方を示したものであると理解されています。「通常人が疑を差し挟まない程度に真実

証明度

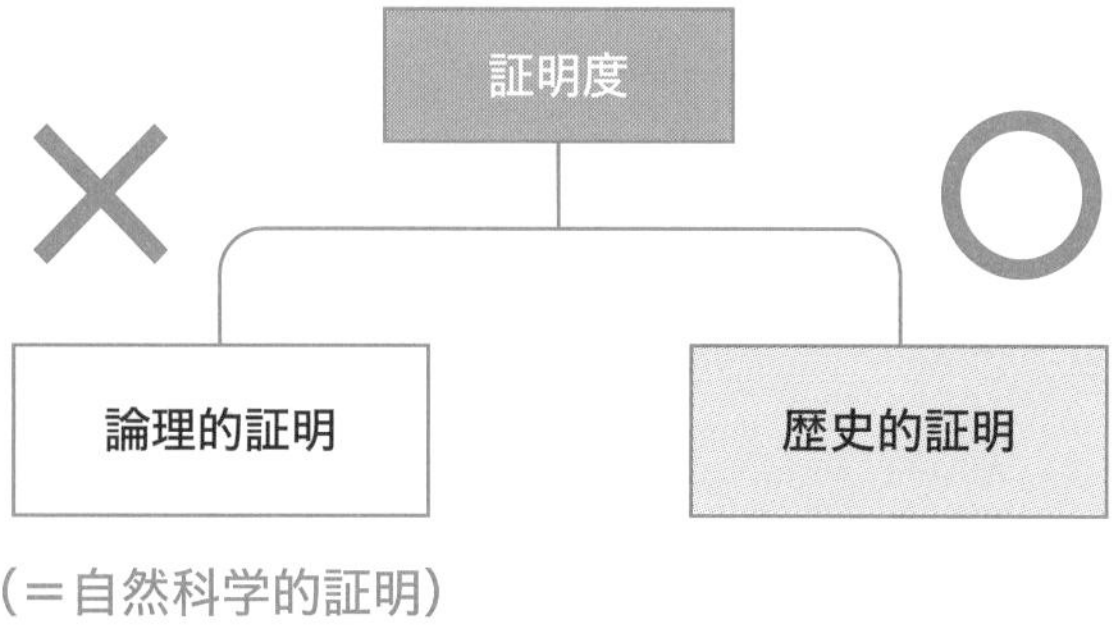

性の確信を持ちうるものである」状態が、「証明度」であるという理解です。

なお、「自然科学的証明」という言葉は、さきほどの刑事裁判の判例（最高裁昭和23年判決）にいう「論理的証明」と同義です。

裁判の「証明度」が「高度の蓋然性」という「確信」の状態であることはわかった。でも、それは「歴史的証明」でよく、「自然科学的証明」（論理的証明）ではなくてよいというけど、「いったい、数字でいうと何パーセントくらいなの？」という疑問も生じたかもしれません。

あくまで裁判官の「確信」は、裁判官の「心証形成」の問題なので、数字であらわすことは困難です。ただ、こうした「事実認定」の分野の研究において著名な元裁判官の著書には、これを数字で示した記述があります。この著書によれば、数字であらわすことはむずかしいことを前提にしながらも、「高度の蓋然性説」は70〜80％であり、「証拠の優越説」は60％と考えてよいのではないか、といった説明もなされています（伊藤滋夫『事実認定の基礎〈改訂版〉――裁判官による事実判断の構造』〈有斐閣、2020年〉172頁参照）。

さて、話を戻しましょう。しかし、「同棲していた」という事実を前提にすると、どうでしょう？　今度は近所の住人が「2人はいつも仲良く手をつないで歩いていましたよ」と証言した。さらに、殺害されたV子の友人からも、被告人の友人からも「2人は来月結婚すると言っていました」という証言があったら……。

「いや、それはね。男女の間には何があるか、傍《はた》からはわからないものですよ」という感想が示されそうです。果たしてそれは、映画、ドラマ、小説の世界なのでしょうか……？

刑事裁判の場合は、そうすると、2人のＬＩＮＥの通信記録などをみるなどして、動機があるかどうかをみることになるでしょう。

いずれにしても、川の鞄遊びが事実だったとしても、その鞄のなかから包丁が出てきたことを被告人がどう説明するかが重要になるでしょう。そこで堪忍して「刑事さん、降参《こうさん》です。わたしがやりました」となれば、いわゆる犯罪事実を認める「自白」です。

刑事裁判では「**補強法則**」という基本原則があり、自白だけが唯一の証拠では有罪とできません。しかし、これまでみた「間接事実」を立証する証拠の数々（間接証拠）はありました。

刑事裁判の罪状認否

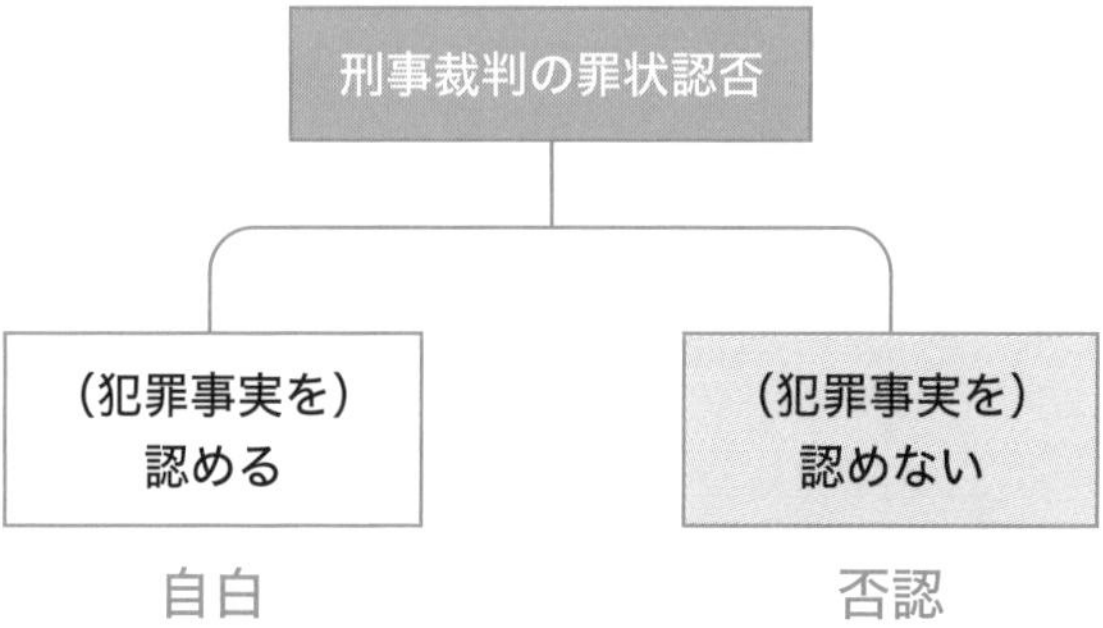

したがって、自白を補強する証拠（補強証拠）も十分にあるでしょう。

さて、被告人はそれでも認めなかった場合は、どうなるでしょうか？

刑事裁判で最初に行う「罪状認否《ざいじょうにんぴ》」では、「**自白《じはく》**」と「**否認《ひにん》**」があります。

自白の場合は、いま述べたとおりです。犯罪事実を認めない「否認」をした場合は、どうでしょう？ 検察官は、犯罪事実を立証する責任を負います。「包丁は確かに鞄に入れて友達に気づかれないよう川に投げて捨てた。これはV子から『古くなったから捨ててきて』といわれたものだった。魚をさばいてシャツに血がついていた」と供述したとします。言い訳っぽいですが、このような被告人の供述に信用性があるかを裁判官は判断することになります。

供述の信用性があるかどうかは、次のような要素で判断します。

① 供述内容が客観的事実に整合するか
② 供述内容に具体性・迫真性があるか
③ 供述内容に一貫性があるか
④ 供述内容に変遷《へんせん》がある場合、その変遷に合理性はあるか
⑤ 裁判に利害関係はないか

こうした観点から、刑事裁判では「**供述の信用性**」が判断されます。最も、重要なのは①ですが、やはり供述内容が変わる場合（変遷がある場合）は、なぜ変わったかを合理的に説明できないと怪しくなります。

さて、ここでは、まず、物騒《ぶっそう》ではありますが、イメージはしやすいと思われる刑事裁判の事実認定を「主要事実」と「間接事実」に分けて、その「推認」の作業をみてみました。

もっとも、本書では、これまで一貫して「民事裁判」の例をみてきましたので、以下では、民事裁判を念頭に「推認」の手法について解説したいと思います。

BUKININARU

1 事実のとらえ方と証明の方法

民事裁判について定めた法律に「民事訴訟法」があります。法律の種類には「**実体法**」と「**手続法**」という視点もあります。**「実体法」とは、国民の権利・義務が発生するための「要件」と「効果」を定めた法律**です。これに対して**「手続法」とは、こうした実体法が定める「権利」や「義務」を実現する「手続」を定めた法律**をいいます。

私法でいうと、その一般法である「民法」は「実体法」にあたり、その実現の手続を定めた「民事訴訟法」は「手続法」にあたります。

「立証責任」とは何か？

さて、手続法である「民事訴訟法」では、民事裁判のさまざまなルールを学びます。詳細を

法律の種類

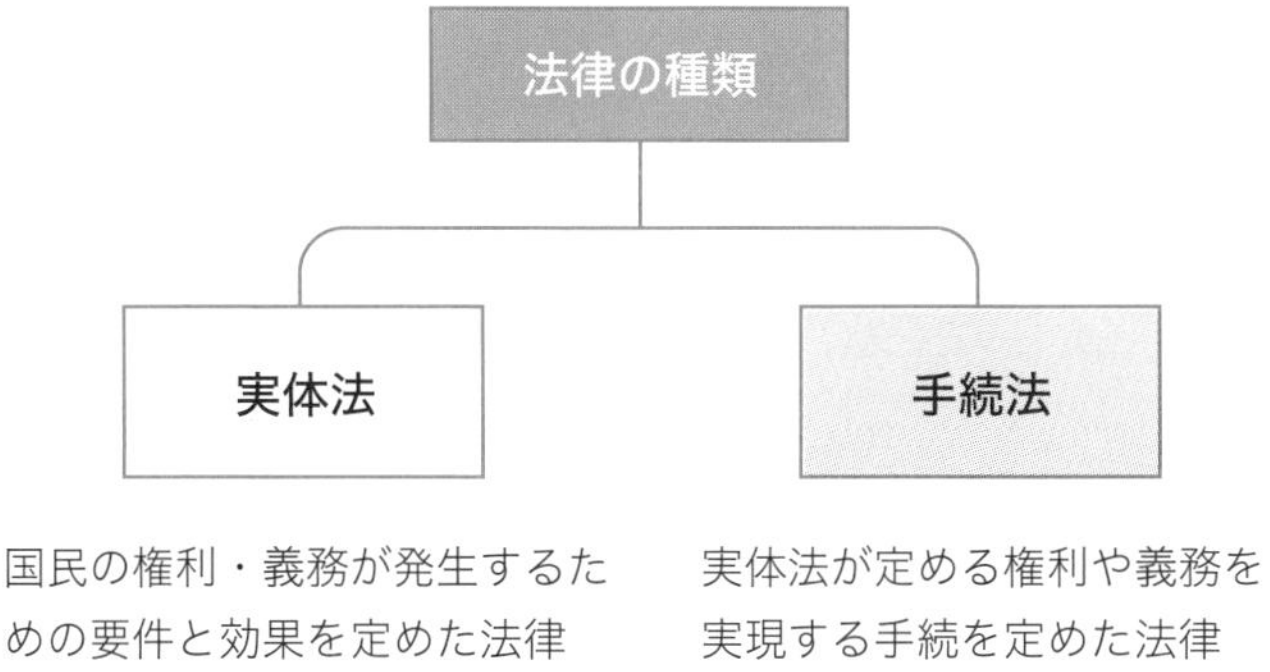

知りたい方は、小説形式で書いた『小説で読む民事訴訟法』を読んでいただければと思いますが、ここでは「事実認定」のごく基本部分のみ、おさらいと確認をしておきます。

まず、裁判では、法が定める「効果」が発生するための「要件」に直接該当する「主要事実」があり、この事実を間接的に「推認」させる「間接事実」と分けて考える必要がありました。

裁判では、ある「要件」を満たすかどうかの判断ができないときに、「どっちだかわからない」と裁判官にさじを投げられたら困りますよね。憲法で保障されている「裁判を受ける権利」をまっとうするためには、「どっちだかわからない」という場合にも、「結論」は出さなければなりません。ここにいう「どっちだかわからない」場合のことを、「**真偽不明**」（**ノンリケット**）といいます。

金銭消費貸借契約の要件

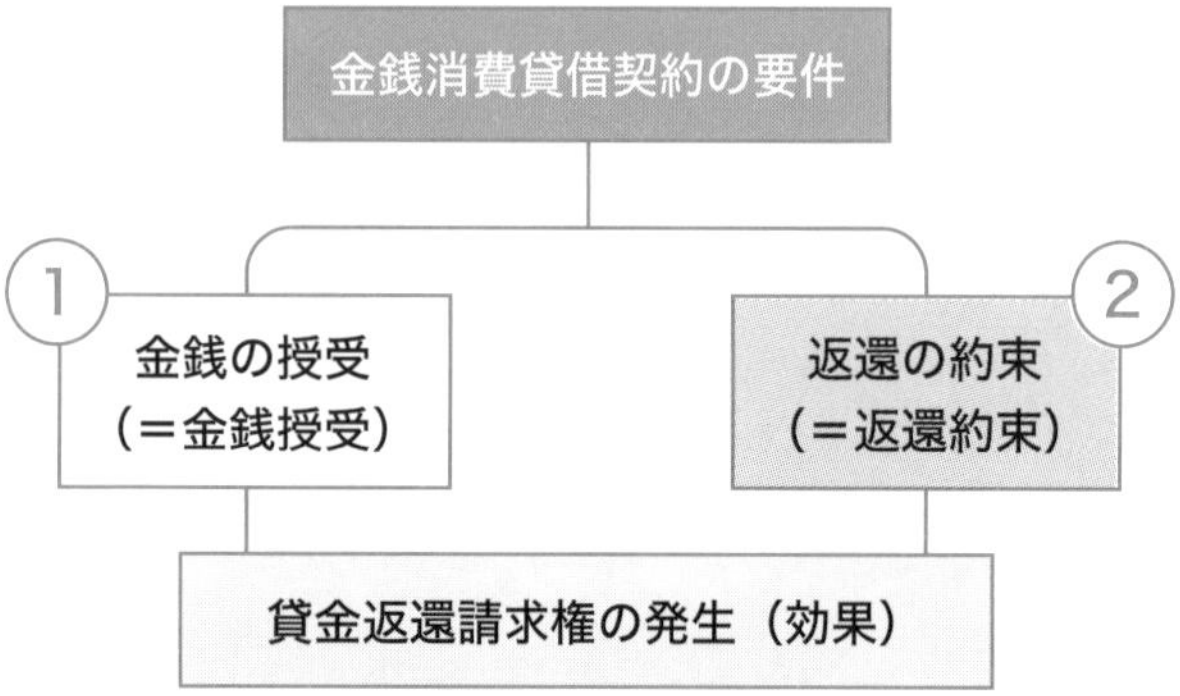

注）期限の到来などがあれば

そこで考えられたのが「**立証責任**」です。ある「要件」に該当する主要事実が提出された証拠によっても「あるのかないのか、わからない」真偽不明（ノンリケット）の場合、その主要事実について立証責任を負う当事者が「敗訴」します。これを「立証責任」といいます。

たとえば、XがYに「100万円を支払え」という民事訴訟を提起したとします。その理由は、XはYに100万円貸したからだとします。

この場合、貸金《かしきん》返還請求が認められるためには、実体法である「民法」に規定された金銭消費貸借契約が成立するための「要件」を満たす必要があります（民法には、さまざまな契約の要件と効果を定めた規定があります）。

それは、次の2つです。

① 金銭《きんせん》の授受《じゅじゅ》（＝金銭授受）

② 返還の約束（＝返還約束）

この2つの「要件」を満たすと、金銭消費貸借契約が成立します。期限の到来などがあれば、「貸金返還請求権（お金を返せと請求できる権利）」の発生という「効果」が生じます。

①「金銭の授受」だけでなく、②「返還の約束」まで必要になるのは、「金銭の授受」があったというだけでは、返す必要のない「贈与契約」が成立する可能性もあるからです。

贈与の場合、渡したお金を「あげる」契約なので、「返す」必要はありません。これに対して、金銭消費貸借契約の場合、渡したお金を「自由に使う（消費する）」ことはできるものの、あとで同額を「返す」必要があります。

さて、XとYとの間には、金銭消費貸借契約が成立している。なので、その「効果」として、100万円の請求権（貸金返還請求権）が発生するという「効果」が生じていることを、Xは主張しています。そのためには、①XがYに100万円を渡したこと（金銭の授受）、②YがXに100万円を返す約束をしたこと（返還の約束）という、2つの「主要事実」を立証しなければならない、ということです。これが「立証責任」です。

立証責任とは、この意味で「**裁判における敗訴《はいそ》のリスクを負う責任**」（**敗訴責任**）といえます。

また、そもそも裁判では、主要事実の存在は、当事者である原告または被告のどちらかが主張して、はじめて裁判所で審理されます。

これを「**弁論主義**」といいます。弁論主義とは、裁判所の役割分担についての原則である「当事者主義」の1つで、**事実の主張と立証を当事者の責任とする原則**です。

逆にいうと、当事者からある主要事実の主張がない場合には、その事実の有無は審理されません。その結果、その主要事実があれば裁判で勝訴できた当事者には、同様に「敗訴のリスク」が生じます（主張責任）。

こうして、主張についても「主張責任」があります。この例でいうと、Xはさきほどの、①XがYに100万円を渡したこと（金銭の授受）、②YがXに100万円を返す約束をしたこと（返還の約束）という2つの主要事実の「主張」をしていましたが、その「主張責任」をXは負っていたということです。

主張責任と立証責任は、だれが負うのか？

なお、いまの例では、2つの主要事実についてXに主張・立証責任があったことを説明しましたが、そもそも、主張責任と立証責任は、だれが負うのでしょうか？

証拠の種類

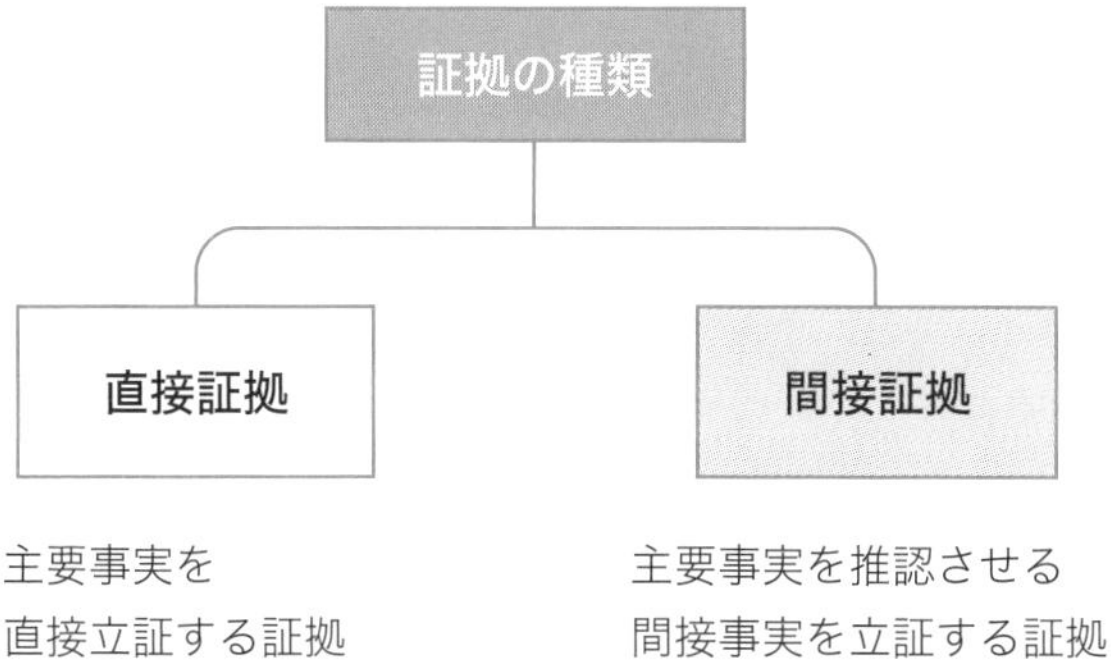

これを民事訴訟法では、**「主張責任の分配」「立証責任の分配」**といいます。その分配のルールについては、**その主要事実が存在することで、自らに有利な効果が生じる者に「主張責任」「立証責任」が生じると解されています。**

もっとも、ここからは少し細かいですが、**「証拠共通の原則」**というルールもあります。証拠が裁判所に提出されていればよい、という考えです。つまり、どちらかの当事者が提出したかを問わず、提出した当事者の有利にも不利にも証拠は認定の材料にできる、ということです。

さて、XとYとの「１００万円返せ訴訟」ですが、①金銭授受と②返還約束の主張はされたことを前提に、Xが「受領書」を証拠として提出したとします。「受領書」には、「２０２０年12月○日に、確かに、わたしは、Xから１００万円を受け取りました。」

と記載され、Yの署名・押印があったとします。これは、①金銭授受の「直接証拠」といえます。

「**直接証拠**」とは、主要事実を直接立証する証拠でしたね。これに対して、「2020年12月末にYに会ったら、ものすごく羽振りがよくて、高級フレンチを突然おごってくれた」というC子さんの証言があったとします。

この証言にある事実は、①金銭授受の事実（主要事実）を「推認」させる「間接事実」です。

このように、間接事実を立証する証拠が「**間接証拠**」でした。

さて、受領書が提出された場合、①金銭授受は立証されるでしょう。

ところが、②返還約束を立証する証拠がXにないとします。この場合でも、Yが「確かに、返すといったよ」と裁判で述べた場合、これは「主要事実」を自ら認めるものなので、「裁判上の自白」が成立します。主要事実について自白が成立すると、立証が不要になります。これを「**不要証**《ふようしょう》」といいます。そのため、Xは、①金銭授受は立証し、②返還約束はYの自白が成立して立証不要となります。

これで、①金銭授受と②返還約束の2つの主要事実が認められます。金銭消費貸借の2つの要件をすべて満たしたことになり、期限の到来などがあれば、XのYに対する100万円の請求権（貸金返還請求権）の発生という「効果」が生じることになります。

民事裁判での認否

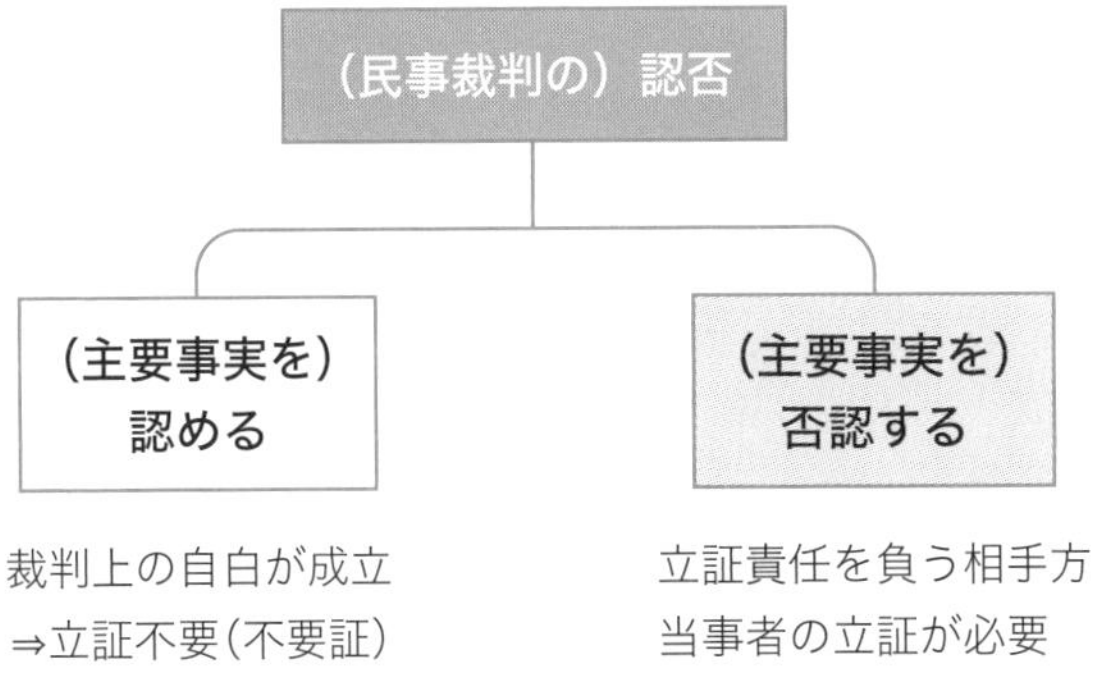

相手の主張を否定する「反論の方法」

このように、民事裁判では、相手方が立証責任を負う主要事実について、「**認否**」が必要になるのですが、「認否」においては、「認める」か「否認する」かのいずれかになります。そして、主要事実を「**認める**」と自白が成立し、立証が不要になります。逆に「**否認する**」とした場合には、立証責任を負う当事者の立証が必要になることになります。

このような「自白」か「否認」かとは別に、自らが立証責任を負う別の事実を主張して、相手の請求を否定する方法もあります。それが「**抗弁**《こうべん》」と呼ばれるものです。**「抗弁」の特色は、相手が主張する事実と「両立する」点**にあります。

相手の主張を否定する方法

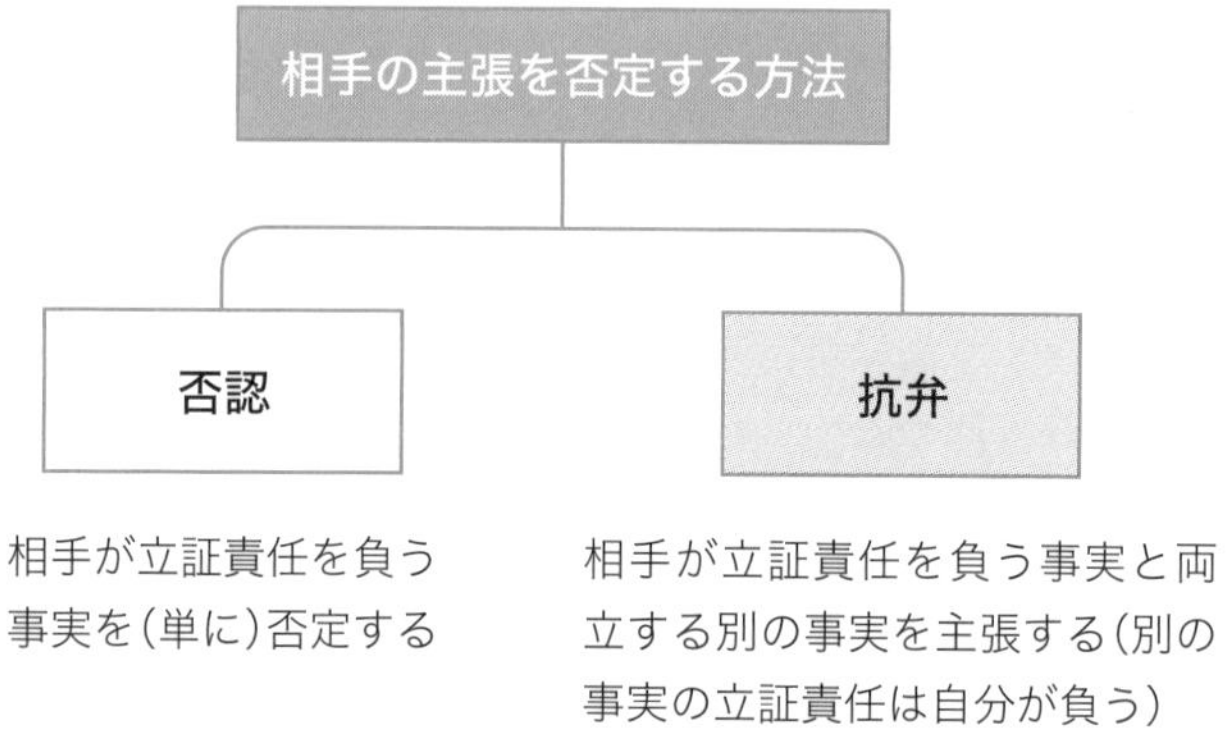
相手の主張を否定する方法
否認
抗弁
相手が立証責任を負う事実を（単に）否定する
相手が立証責任を負う事実と両立する別の事実を主張する（別の事実の立証責任は自分が負う）

たとえば、XのYに対する「100万返せ訴訟」でいうと、Yが「100万円はもうXに返した」と主張する場合です。これを「**弁済《べんさい》の抗弁**」というのですが、この場合は、Xが主張していた①金銭授受、②返還約束の各事実は、矛盾せず「両立」しますよね。これは、「Xから100万円をもらったかもしれないし、返すと約束したかもしれない。けれど、いずれにしても、もう100万円はXに返したから」というわけです。

このように「抗弁」が主張され、たとえば、XがYから100万円を受け取ったことが記されている「領収書」や、Yの銀行口座の通帳（Xに100万円を入金した記録がある）や、YがXに100万円を振り込んだことが記された「振込明《ふりこみめい》細書《さいしょ》」を証拠として提出したとなれば、そして、これに反論する立証活動（これを「**反証**」といいます）がXからなければ（たとえば、確かに

100万円を受け取ったけど、それはXがYに別に中古で高級時計を売った代金だったと売買契約書を提出するなど）、裁判所は「弁済」の事実を認めるでしょう。

このように「抗弁」が認められれば、Xの請求は「理由がない」として「棄却《ききゃく》」されます。また、こうした「弁済の抗弁」がなくても、そもそも、①金銭授受や②返還約束を立証できなかったとなれば、その場合でも、Xの請求には「理由がない」としてやはり「棄却」されます。

棄却（判決）とは、**原告の求めた請求（裁判）に理由がないとする裁判所の結論（判決）**です。逆に、Xの請求に「理由がある」として、「YはXに100万円支払え」という判決になれば、これは「**認容**《にんよう》**判決**」といいます。原告の請求を認める（認容する）ものだからです。

右の図ですが、**「否認」は同じ土俵で正面から戦い、「抗弁」は別に土俵をつくり、戦うイメージ**です。

否認の場合も、その理由を述べることはもちろんできます（理由付き否認）。相手の主張を否定する「反論の方法」には、このように「否認」と「抗弁」の2種類があるのです。そして、どちらに分類されるかによって、立証責任の所在が変わります。

民事訴訟の細かな話になりますが、このように、民事訴訟では、原告の請求を認めない「**請**

民事訴訟の3種類の判決

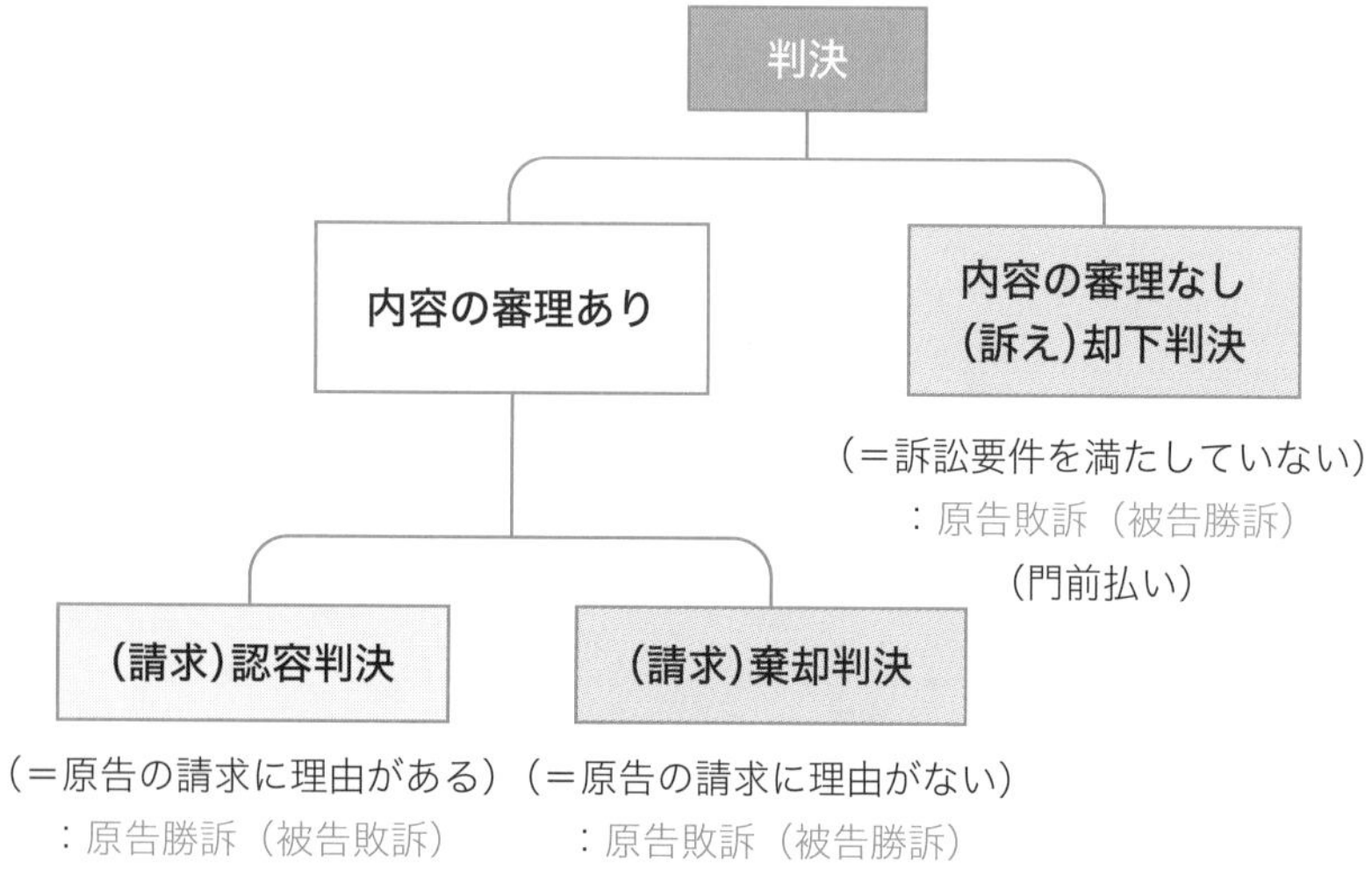

求棄却判決」と、原告の請求を認める「**請求認容判決**」があります。前者は原告の敗訴判決であり（被告にとっては勝訴判決）、後者は原告の勝訴判決（被告にとっては敗訴判決）です。

報道などで「訴《うった》え却下《きゃっか》判決」と聞くこともあるかもしれません。これは、原告の敗訴判決である点では「請求棄却判決」と同じですが、請求の内容を審理することもしてもらえない場合になります。いわゆる「**門前払《もんぜんばら》い判決**」とも呼ばれるもので、**訴訟要件といって、裁判をしてもらうための手続要件を満たしていない場合に、訴えは却下されてしまいます。**

「訴え却下判決」が下されるのは、たとえば、「訴えの利益」がない場合が挙げられます。自分には関係のない他人の権利について訴訟をすることは、原則としてできません。「訴えの利益」がないからです。「法律上の争訟《そうしょう》」の定義で少し触れた「法を適用することで解決することができる紛争」でない場合にも（第1章参照）、訴訟要件を満たさず「訴え却下判決」になります。「AさんとBさんのどちらが頭がよいか」という裁判を起こしても、「法律上の争訟」にあたらないので、「どちらが頭がよいか」の審理はされることなく、訴えは却下されるということです。

以上を整理すると、民事訴訟の判決には、右の図のように3種類があることになります（第1審）。

BUKININARU

2

間接事実から推認する方法①
――「付き合っている！」ことを当てる

さて、少しテクニカルな「民事訴訟法」の話もしましたが、ここでは、裁判を離れて、日常的に「間接事実」による「推認」の技法を考えてみたいと思います。法学において「推認」は、間接事実に経験則を適用して主要事実を認定する「推論」の方法として重要です。

主要事実にあたる「お題」は、「AさんとBさんは付き合っている！」です。次のような「間接事実」があった場合、あなたは「AさんとBさんは付き合っている！」と思いますか？

なお、前提として、AさんもBさんもお互いに「付き合っている」ことを否定（否認）しているとします（みんなに隠して付き合っているかもしれない、というシチュエーションです）。

●間接事実――ファースト・ステップ

- AさんとBさんは、同じ大学の学生である。

- Aさんと Bさんは、同じ学部の学生である。
- Aさんと Bさんは、同じゼミに入っている。
- Aさんと Bさんは、同じゼミ合宿に3泊4日で沖縄に行った。
- Aさんと Bさんは、お互いにLINEを知っている。
- Aさんと Bさんは、お互いにインスタをフォローしている。

さて、ここまででは、どうでしょうか？

順に、少しずつ、付き合う可能性のあるコミュニティにいることはわかりますが、だからといってこれだけでは「付き合っている」と推認できるほどではないでしょう。

もう少しみていきましょう。

間接事実——セカンド・ステップ

- Aさんと Bさんは、ゼミ合宿の集合写真をみると、すべて隣に写っていた。
- Aさんと Bさんは、ゼミ合宿のときに、電車で隣の席に座っていた。
- Aさんと Bさんは、2人で大学の近くを歩いていた。

ここまででは、どうでしょう？

隣に写っている点で、仲がよいことはわかりますし、電車で隣に座っていたことも同じでしょう。でも、ゼミの友達として仲がよいだけという可能性は、ふつうにありますよね。

そうすると、2人で歩いている点は、少し緊密性がありますが、大学の近くであれば、授業やゼミの帰りに同じ方向だったので、というくらいも普通にあるでしょう。

さて、もう少しみていきましょう。

●間接事実――サード・ステップ

• Aさんと Bさんは、インスタに、同じ日に、同じお店の写真を投稿していた。

これだと怪しさが増してきましたが、同じお店の写真が投稿されているだけです。2人でデートしたとあるわけでもなく、ツーショットの人物の写真があるわけでもありません。

となると、なんだか怪しいけど、わからないなとなるでしょう。

では、次の場合は、どうでしょうか。

●間接事実――フォース・ステップ

• AさんとBさんが、インスタにお店の写真を投稿していたのは、12月24日だった。

これで、急に怪しさは増しますよね。

なぜでしょうか？

それは、12月24日には、日本の若者には「特別の意味」があるからでしょう。そうです。クリスマスイブの日は、好きな人と過ごすという習慣がありますよね。

もちろん、友達同士で会うこともあるでしょうけど、男女が2人でクリスマスイブにお店に行ったとなると、通常の感覚では「付き合っている！」となるのではないでしょうか。

もっとも、これが「お昼のランチ」「日中のカフェ」だとすれば、お互いに交際相手がいないけど、仲がよいので会っただけという可能性もあります。

そうすると、次のようになると、どうでしょう？

間接事実――フィフス・ステップ

- そのお店の写真には、高級そうなフレンチの料理とナイフとフォークが映っていた。
- テーブルの近くに大きな窓があり、ライトアップされた夜景が映し出されていた。
- 窓の外にある東京タワーの位置から、高層階とわかる写真だった。
- ハッシュタグに、有名な高級ホテルの名前が記載されていた。

ここまでくると、これはもう「付き合っている！」でしょう、と思われるのではないでしょうか。でも、2人は否定しているわけです。

ただし、ふつうの感覚からすると、クリスマスイブの夜に高級ホテルで2人で食事はしないでしょう。「付き合っていなければ！」と思うはずです。

さらに、確実に「付き合っている！」ことを推認させる間接事実が、最後にわかります。

●間接事実――シックスス・ステップ

・2人とも、投稿のハッシュタグをみると、まったく同じ言葉が記載されていた。

ここまで来たら、「もう！」ですよね。

さて、わかりやすい身近にありそうな例で「間接事実」による「主要事実」の推認方法をみてみました。わたしたちが日常的に「あれだよね」「怪しいよね」「付き合っているよね！」「絶対○○だよ」と、**直感で「推測」していることは、分析してみると、だいたい、こうした「かなり怪しい」間接事実があるからでしょう。**

このときに重要なのは、「クリスマスイブの夜」であるとか「高級ホテルのフレンチ」のような、通常「付き合っている！」男女が行くはずのお店であると推測できている「感覚」です。

この感覚は、民事訴訟（裁判）では「**経験則**」と呼ばれています。

経験則とは、経験によって得られる法則のことです。通常このような事実があればこのようなものであろうという推認ができる、「事物に関する経験上の法則」を指します。

これから「直感」で、「○○だ！」と思うことがあったときには、このように、

- まず、間接事実を、客観的に整理してみましょう。
- そのうえで、そこに、どんな「経験則」が適用できるのかを考えてみましょう。

「間接事実による推認」という手法は説得力をもつ

このような思考ができるようになると、**「直感」ですら「間接事実」の「推認」という手法で「思考過程」を分析できるようになります**。これは、日常用語でいうと、いわゆる「観察力がある」「洞察力がある」と表現されるような状態です。

ものをよくみることは、とても重要です（観察力）。そして、みたうえで、そこに何があるかを考察することも重要です（洞察力）。こうした「観察」の目をもち、同時に深い「洞察」をできる人は、「直感」によって「何か」に気づくものです。このプロセスを「直感」で片づけることなく、他者にも説得力をもって「説明」するとなったときに、**「間接事実による推認」という手法は「説得力」をもちます**。裁判で使われている手法ですが、日常にも応用できます。

そのためには、**客観的な「間接事実」を書き出すクセをつけるとよい**と思います。最後に使う「経験則」は、もちろん反対の事実が示されれば、結論は否定される余地が残ります。

たとえば、「付き合っている！」と「経験則上」いえるほどのさきほどの**間接事実の積み重ね**があったとしても、それは「インスタをみているみんなをだますためのクリスマスどっきりだった」という事実が発覚すれば、「そんなのありかよ」とは思うかもしれませんが、それはそれで「証明」は「合理的な疑いを差しはさむ事実」の出現によって崩《くず》されることになります。

しかし、このような「合理的な疑いを差しはさむ事実」がない「高度の蓋然性《がいぜんせい》」という「確信」状態になった場合には、**「何かの答え」を発見する「手法」として、この分析方法は役立つ**と思います。

事実認定で採用される「自由心証主義」とは？

ここまでをみて、事実認定の手法が日常の「思考法」に活用できそうなことはわかったものの、「何かまだひっかかることがあるな……」と思われていたかもしれません。

それは、次のような疑問かもしれません。

「それで、結局、経験則っていうのは、法律に規定されているの？」

「裁判官の事実認定については、裁判官が好き勝手にできるということなの？」

裁判所の判断

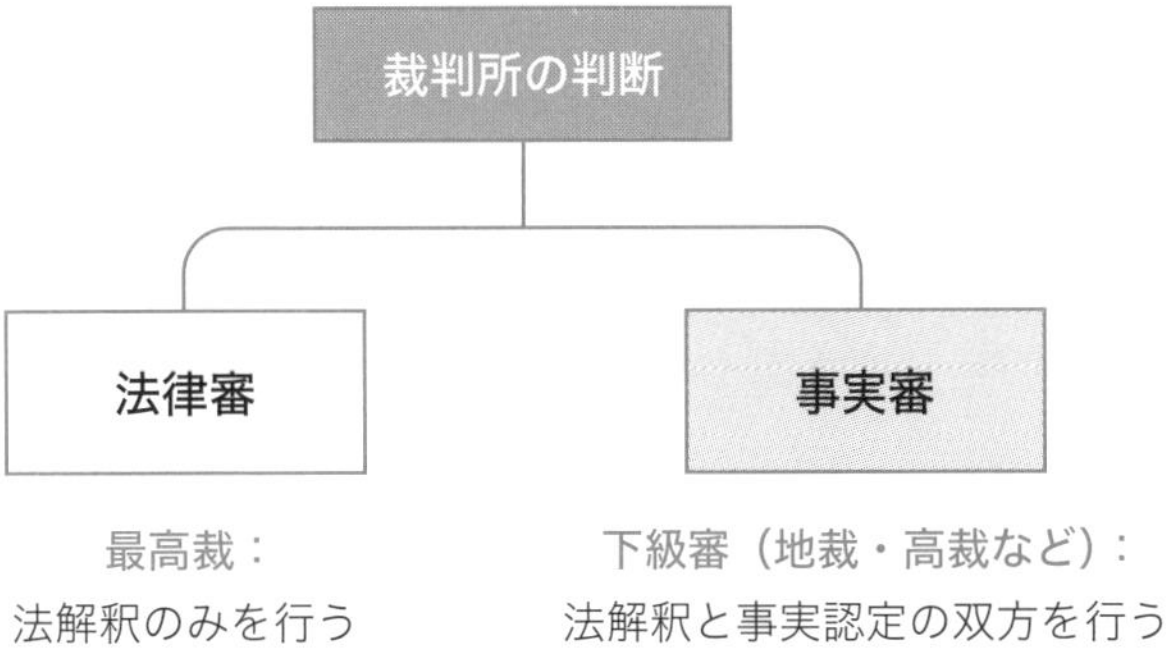

正解は、法律に規定はありません。事実認定については、「自由心証主義」が採用されているからです。**自由心証主義とは、事実認定をどのようにするかは、裁判官の自由であるという原則**です。事実認定では、どのような証拠を使い（証拠の採否《さいひ》の問題）、その証拠についてどのような評価をするか（証拠の評価の問題）の問題が生じますが、これらについて、民事訴訟法は、特に規定をしていません（ただし、ごく限定的に、例外もあります）。

そのため、これまで説明してきた「経験則」が重要になるのです。もっとも、あまりに非常識な証拠の使い方ができるかというと、そうはなりません。「経験則違反」の下級審の判断は、最高裁で正すことができる「上告理由」になると考えられているからです。

もっとも、裁判所の判断の誤りを正す「最後の砦《とりで》」になる最高裁は、原則として「法解釈」を扱うもので、

最高裁の判断

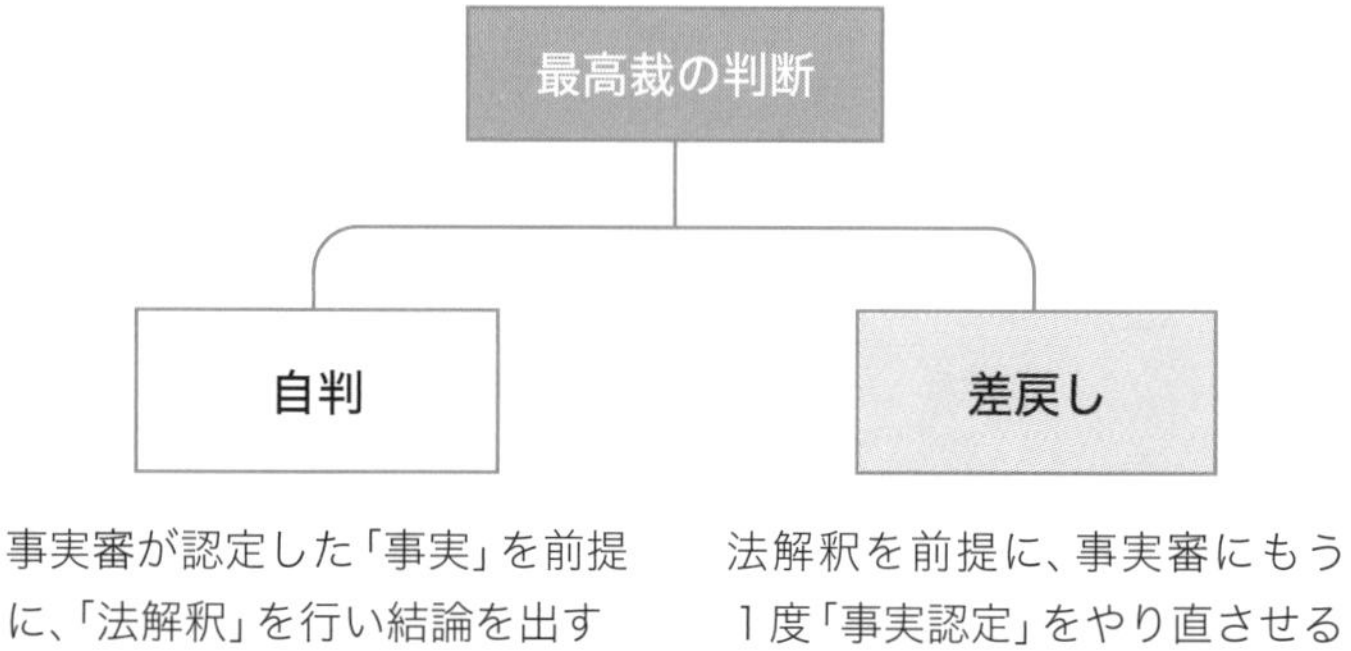
最高裁の判断
自判
差戻し
事実審が認定した「事実」を前提に、「法解釈」を行い結論を出す
法解釈を前提に、事実審にもう1度「事実認定」をやり直させる

「事実認定」は下級審（地裁、高裁など）の役割と考えられています。

最高裁は「**法律審**」であるといわれるのは、そのためです。逆に、地裁・高裁などの下級審は「事実認定」と「法解釈」の双方を行います（**事実審**）。

最高裁が「法解釈」のみを行い、事実認定を行わないのは、地裁・高裁で十分に「事実の審理」はされているはずだからです。また、最高裁は、全国に1つ（東京）しかなく、裁判官も15名しかいません。そこで、「法解釈を統一すること」「憲法判断をすること」という**「法の番人」としてのつとめに集中できるようになっている**のです。

そのため、最高裁が下級審の判決を誤っているとして「破棄」する場合には、2つの方法があって、下級審と異なるあらたな「法解釈」を示したうえで、最高裁が「結論」まで自分で判断する「**自判**」と、「事実認定」を高裁にやり直させる「**差戻し**」があります。

「差戻し」とは、最高裁が「法解釈」のみ正し、それを前提に足りない「事実認定」は高裁にもう1度やり直させる仕組みなのです。

話を戻しましょう。このような「法律審」としての最高裁も、「事実審」である下級審の「事実認定」に明らかに非常識な「経験則違反」があった場合には、これを「誤りである」と指摘する権限はもっています。実際に「上告理由」として最高裁に認められ、下級審に「事実認定に経験則違反がある」と指摘される例は少ないですが、最終的にはそのような担保がある、ということです。

こうして、自由心証主義といっても、好き勝手に「事実認定」をできる権限が裁判官に認められているわけではありません。それでも、なぜ「裁判官の自由な判断」に委ねられているかというと、このあとみるように、そもそもある事実を認定するための「間接事実」は千差万別《せんさばんべつ》であり、それを立証するための証拠も無数にあるからです。

こうした事実認定の方法を法律でガチガチに決めてしまうことは、妥当ではありません。そこで、事実認定のプロとしての裁判官の「経験則」を駆使して、当事者から提出された「証拠」を吟味した判断が裁判所には求められることになります。

では、次に、こうした「経験則」を駆使した「間接事実」による「主要事実」の「推認」の手法を、実際の裁判の考え方を中心にみていきましょう。まずは、刑事裁判の例をみます。

BUKININARU

3

間接事実から推認する方法②
――近接所持の理論

刑事裁判でよく使われる「近接所持の理論」とは？

経験則は、民事裁判に限らず、刑事裁判でも「事実認定」の際に使われます。

司法試験に合格すると、司法研修所で「司法修習生」として研修を受けるのですが、わたしが当時学んで「なるほど」と思った印象に残る「経験則」がありました。

それは、「**近接所持《きんせつしょじ》の理論**」と呼ばれる、刑事裁判でよく使われる「推認手法」でした。

これは、ひとことで言えば、**犯行現場から「時間」としても「場所」としても「近接」したところで、盗難品を「所持」している人が、「犯人」である可能性が高い**、というものです。

これは、財布を盗まれたという被害届（警察への通報）があったときに、その犯行現場から300メートルの距離にいた男が、その財布をもっていて現行犯逮捕されたという場合を考えていただければ、わかりやすいかと思います。

犯行時刻からも30分しか経過していなかったとします。しかし、現行犯逮捕された被疑者は、こう弁解するのです。

「いや、俺は犯人じゃない。この財布をさ、さっき人に頼まれて預かってくれと突然言われたんだ。それで、もっていたというわけです」

どうでしょう？　いかにも怪しいですよね。それは、おそらく、道を歩いていた人から大事な「財布を預かる」なんてことが、まずないことだからと思うからでしょう。

ただ、実際によくある弁解であると、修習時代に習いました。覚せい剤所持の現行犯逮捕の事例でも、「人から預かった。覚せい剤とは知らなかった」といった弁解がなされることが多いです。ただ、この場合は、犯罪事実の認識である「故意」が問題になるのですが、「違法な薬物であるとの認識」があればよいと考えられています。

さて、話を戻しましょう。財布の窃盗の事例の弁解に登場した「財布を預けた人」が、だれなのかが注目になります。多くの場合、素性《すじょう》がわかりません（これは薬物犯罪でもよくあるようです）。

供述の信用性で考えると、何度も取り調べられるうちに、次のように変遷《へんせん》していたのかもしれません。

- 「財布は道で拾いました。それを交番に届けようとしていたところだったのです」
（しかし、「警察をみて、逃げようとしたではないか？」という取り調べがなされると……）
- 「じつは、これは人から預けられたものだったのです。突然、『すみません。これを預かってもらえませんか？』と人に言われて、財布を渡されたのです」

何だか、怪しくなってきましたね。それで、「それはだれだ？」と聞くと、「通りすがりの人でした」「じつは、Cさんと呼ばれている公園でよく立ち話をする人でした」などと、その人物や特徴なども聞くたびに、どんどん変遷していく……。

となれば、供述の変遷に合理性がないので、信用できないとなるでしょう。

例外はあり得ることを前提に「経験則」が考慮される

でも、「事実は小説より奇《き》なり」です。

たとえば、だれかにはめられる、という可能性も排除はできません。

窃盗犯人にしたてるために、だれかがはめて盗んだ財布を手渡したという場合です。でも、そのような場合に、人は通常どのような行動をするかという「経験則」が、そこでも考慮されることになります。

「近接所持の理論」は、万が一の「例外」はあり得ることを前提に、それでも通常の「経験則」で、犯行現場からの「時間」と「場所」の「近接性」をみます。そのうえで、「所持」していた人から「その理由」を聞くことで、その人が「犯人」であるかを「推認」する手法です。

また、逆にいうと、「近接所持の理論」からすれば、犯行から1年後に「盗品」を所持していた人を「窃盗犯人」であると「推認」することは、むずかしくなります。それだけの時間的隔《へだ》たりがあれば、その間にその「盗品」が「窃盗犯人」から移転していく可能性が十分に考えられるからです。

犯罪は身近にはないと思いますが、発想はわかりやすいと思います。

次節では、もうすこしテクニカルに、民事訴訟（行政訴訟）で「住所」をどのように、裁判所が認定するかをみてみたいと思います。

BUKININARU

4 間接事実から推認する方法③
――住所の認定

裁判所の判断基準

第1章のケース①（贈与税回避事件）では、「住所」が「国内」にあることが、贈与税の課税要件になっていました。

つまり、ここまでの説明を踏まえて考えると、「住所が国内にあること」という要件を満たす「主要事実」として、「Xの生活の本拠は東京居宅にあった」ことが、Yから主張され、その事実を推認させるような、さまざまな「間接事実」を立証する「間接証拠」がYから裁判所に提出されていたことになります。

こうして裁判所は、さまざまな証拠によって認定された「間接事実」をみたうえで、「主要事実」（Xの生活の本拠は東京居宅にあった）があったといえるかを判断したことになります。

その際に、最高裁がどのような「住所」の「判断基準」を示したかについては、第1章でも引用しました。以下のようなものでしたね。これは客観的にみることがポイントでした（最高裁平成23年2月18日第二小法廷判決・判タ1345号115頁）。

「一定の場所がある者の住所であるか否かは、客観的に生活の本拠たる実体を具備しているか否かにより決すべきものと解するのが相当である」

第1審をみると、もっと詳細な「判断基準」が、じつは示されていました。これがここでは参考になるので、みてみましょう（東京地裁平成19年5月23日判決・訟月55巻2号267頁）。

「一定の場所がある者の住所であるか否かは、租税法が多数人を相手方として課税を行う関係上、客観的な表象に着目して画一的に規律せざるを得ないところからして、一般的には、住居、職業、国内において生計を一にする配偶者その他の親族を有するか否か、資産の所在等の客観的事実に基づき、総合的に判定するのが相当である。これに対し、主観的な居住意思は、通常、客観的な居住の事実に具体化されているであろうから、住所の判定に無関係であるとはいえないが、かかる居住意思は必ずしも常に存在するものではなく、外部から認識し難い場合が多いため、補充的な考慮要素にとどまるものと解される。（傍線は筆者）」

このように「客観的」にみるスタンスは最高裁と同じで、結論も同じだったのですが、詳細な判断基準が示されています。1つひとつみると、考慮すべき事情（要素）として、①住居、②職業、③国内において生計を一にする配偶者その他の親族を有するか、④資産の所在、⑤居住意思が挙げられています。実際、第1審は「あてはめ」で、これらの項目を1つひとつ挙げて、住所を判断するための間接事実を検討していました。

さて、このように**「判断基準」は、具体的に詳細な「判断するための要素」を挙げるものほど、みるべき「間接事実」のポイントは明らかになる、という構造**にあります。

つまり、**「判断基準」に挙げられる「要素」は、主要事実を認定するための「間接事実」の「例」であるともいえる**のです。ここで「例」が挙げられ、「等」でしめられる場合には、他の間接事実も考慮できます。他方で、判断基準で挙げられる「例」に重きが置かれるような基準であれば、裁判所はその「間接事実」を重視するという「事実認定」のメッセージにもなるといえます。

これは、「住所」のような「生活の本拠」といった純粋な事実を示す場合と異なり、「必要経費」（第1章ケース②参照）のような「法的評価」をともなう要件ほど、判断基準に示される「要素」（考慮すべき事情）は重要になるといえます。

この点で、再掲しますが、ケース②（同族会社必要経費事件）の判断基準は、考慮すべき事情（要素）を具体的に挙げていたのが、特徴です（大阪地裁平成30年4月19日判決・税資268号順号13144）。

「必要経費妥当性（関連性要件及び必要性要件）の判断に当たっては、投下資本の回収部分に課税が及ぶことを避けるという必要経費の控除の趣旨に加え、家事上の経費との区別や恣意的な必要経費の計上防止の要請等の観点も踏まえると、関係者の主観的判断を基準とするのではなく、客観的な見地から判断すべきであり、また、当該支出の外形や名目等から形式的類型的に判断するのではなく、当該業務の内容、当該支出及びその原因となった契約の内容、支出先と納税者との関係など個別具体的な諸事情に即し、社会通念に従って実質的に判断すべきである。〔傍線は筆者〕」

もっとも、この必要経費の判断基準は、最高裁判例がいまだありません。そのため、さまざまな下級審の裁判例をみると、判決ごとに判断基準は微妙に違い、統一されていない現状はあります。最高裁判例が登場すれば、基本は統一されることになるでしょう。

このように裁判所も、さまざまなケースを通じて、「判断基準」を詳細に磨いていきます。「なんだ。裁判所ごとに違うのか」と思われるかもしれません。しかし、そもそも経験則によって

事実認定の方法

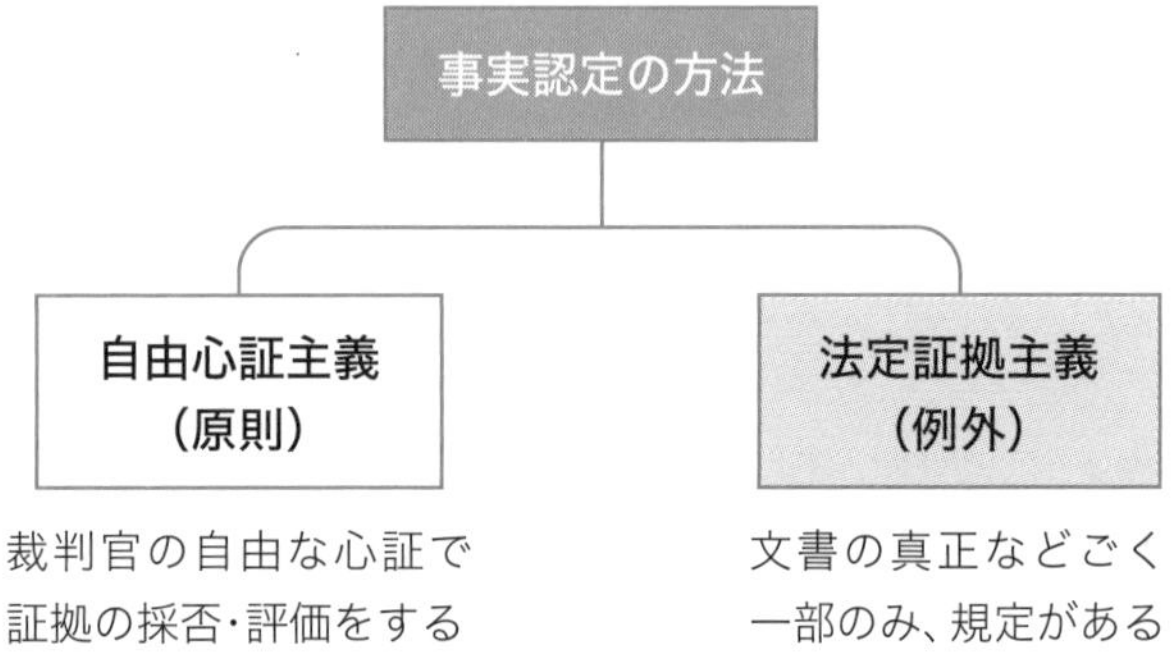
事実認定の方法
自由心証主義
（原則）
法定証拠主義
（例外）
裁判官の自由な心証で
証拠の採否・評価をする
文書の真正などごく
一部のみ、規定がある

導かれる「間接事実」は、無限にあります。

非常識な認定があれば「経験則違反」として、事実審である裁判所の判断は、最高裁に正されることはあり得ます。とはいえ、そうでない限りは、裁判官の手《しゅ》腕《わん》が尊重されるということです。その事例ごとに提出される証拠は異なりますし、その事例において「事実」をどのように証明すべきかは、その事件の当事者が提出した数々の証拠によるからです。

この点で、民事訴訟法をみても、「原則」である自由心証主義の「例外」を定めた規定は、ごくわずかしかありません。当事者間の署名押印《しょめいおういん》があれば、その文書の内容も真正（正しい）ことを推定する規定などです。

こうして、事実認定（立証）の方法について法律が規定を設ける考え方を「**法定証拠主義**」といいますが、これは「例外」的にごく一部のみ採用されているに過ぎません。

こうしてさまざまなケースが生じて検討する例が増えることで、判断基準も磨かれていくのです。あなたも、日常生活で「間接事実」を、さまざまなテーマごとに考えてみてください。そのときに重要なのは、そのテーマ（主要事実。住所など）を判断するには、「通常どんな『要素』から構成されるだろうか？」と考えてみることです。

裁判例の判断基準をみると、所与のもののようにもみえますが、裁判官が事例を通じて考えた要素の例示に過ぎません。

たとえば、「AさんとBさんが付き合っている！」というテーマでみたように、間接事実は無限です。本書で何度も登場した「住所」の場合、1つの場所に住んでいると、当たり前かもしれません。でも、どの国に「住所」があるかを判断するときには、「そもそも『住所』がある場所にあるといえる場合、どんな要素がそこにはあるだろう？」と考えてみましょう。そうすると……。

- そこに、滞在している日数が多いのでは？（→滞在日数）
- そこに、家族も一緒に住んでいるのでは？（→生計を一にする配偶者・家族の居所《きょしょ》）
- そこに、銀行口座などの預金等の資産があるのでは？（→資産の所在）
- そこに、生活できるだけのものが整っているのでは？（→住居）

・そこに、社会人であれば勤め先があるのでは？（→職業）

といった具合《ぐあい》に、「要素」が出てくるはずです。

このように通常はあるはずだと思われる「要素」を探すことが重要です。「経験則」をもとに、提出された証拠を自由に評価して事実認定ができる裁判官も、結局はこのような「ある事実が認められる場合、通常あるはずの要素」を常識的に考えて、それを認定のアイデアとして使っています。こうして、ある事実が認められるために「**通常あるはずの要素**」を自分で考え、それらの要素を1つひとつ分解できるようになると、思考の幅は広がります。

裁判官になったつもりで、「事実認定」の手法を使ってみては、いかがでしょうか。

「住所」が争われた別の裁判例

なお、最近も、「住所」が日本なのか、外国なのかが争われた裁判がありました。

香港か日本かという二者択一的な争点の裁判（第1章参照）ではなく、会社役員としてさまざまな国に居住している事例でした。そこでは、次のような判断基準が示されました（東京地裁令和元年5月30日判決・金融・商事判例1574号16頁）。

「……『住所』とは、生活の本拠、すなわち、その者の生活に最も関係の深い一般的生活、全生活の中心を指すものであり、一定の場所がある者の住所であるか否かは、客観的に生活の本拠たる実体を具備しているか否かにより決すべきものと解するのが相当である（最高裁平成20年（行ヒ）第139号同23年2月18日第二小法廷判決・裁判集民事236号71頁参照）。

そして、客観的に生活の本拠たる実体を具備しているか否かは、滞在日数、住居、職業、生計を一にする配偶者その他の親族の居所、資産の所在等を総合的に考慮して判断するのが相当である。〔傍線は筆者〕」

かっこ書の「判例」の「参照」は、ケース①の最高裁判決です。このように「最高裁判例」の法解釈があると、それが後の同種の事例で「参照」されることになります。

これを「**先例拘束力**」といいます。詳細は第6章で説明しますが、最高裁判決で示された法解釈（要件と判断基準）は、同じ条文の適用が問題となる「類似《るいじ》の事例」について、事実上参照される力をもつのです。

判決は「法律」ではないので、その事件の当事者に効力が及《およ》ぶに過ぎず（判決の個別性）、国民一般を拘束する法的効力まであるわけではありません。しかし、同じ法律の同じ条文の解釈適用が、裁判所ごとに異なることがあっては、公平な裁判はできません。そこで、「司法府の判断」として、最高裁の判断については「先例」としての事実上の効力を認め、その後の下級審はこれを「参照」することになります。最高裁の下した判断は「判例」として、「司法府の判断を統一する役割」があるといわれるのは、こうした点からです。

傍線部分は、この地裁判決が具体的に「要素」を示しています。さきほどみたケース①の地裁判決と類似していますが、**①滞在日数、②住居、③職業、④生計を一にする配偶者その他の親族の居所、⑤資産の所在といった「要素」（考慮事情）が挙げられています。これらの要素は、まさにさきほど173頁に挙げた「……では？」の（↓ ）に示したものですね。**

そして、滞在日数が「日本居宅」「アメリカ居宅」「シンガポール居宅」で、4年間にわたり毎年分散されている複雑な居住関係のある事例で、裁判所は次のように、住所は日本（国内）にないと判断しました。

「X（原告）は、本件各年を通じて、本件各海外法人の業務に従事し、そのために相応の日数においてシンガポールに滞在し、またシンガポールを主な拠点としてインドネシアや中国その他の国への渡航を繰り返しており、これらの滞在日数を合わせると年間の約4割に上っていたことなどからすれば、Xの職業活動はシンガポールを本拠として行われていたものと認められ、他方、日本国内における滞在日数とシンガポールにおける滞在日数とに有意な差を認めることはできず、Xと生計を一にする家族の居所、資産の所在及びその他の事情についても、X

の生活の本拠が日本にあったことを積極的に基礎付けるものとはいえない。これらを総合すると、本件各年のいずれにおいても、Xの生活の本拠が日本にあったと認めることはできないから、Xは所得税法2条1項3号に定める『居住者《きょじゅうしゃ》』に該当するとは認められないというべきである。」

この裁判では、Xの所得税法上の「住所」は日本（国内）にあり「居住者」にあたると、課税庁が主張していました。これに対して、納税者は、Xの「住所」は国外にあるので「非《ひ》居住者」であると主張していました。

「非居住者」（日本に住所がなく、1年以上日本に居所もない者）であれば、納税者（X）は所得税の確定申告をする必要はありませんでした。また、日本の会社から支払われた給与についても、所得税法が定める20％の源泉徴収で済みました。そこで、「居住者」であると認定した課税処分の取消しを求める裁判を納税者が起こしたのです。

国際化した現代における「住所」の判定は、むずかしい問題ではあります。しかし、「住所」が日本国内か国外かによって、相続税、贈与税、所得税の課税問題は変わる仕組みがとられているため、争いが絶えません。

BUKININARU

第4章 まとめ

第4章では、法律家はどのように法を使うのかをみるために、裁判における「間接事実」を使って「**推認**」する事実認定の手法を中心に解説をしました。

具体的には、民事訴訟法の「事実認定」における手法を、その主張（事実上の主張）における「否認」や「抗弁」などの「主張と反論」についてもみながら説明をしました。

その際には、本書ではこれまであまり触れてこなかった刑事裁判における「**供述の信用性**」や「**近接所持の理論**」などの手法も紹介しました。

裁判における「事実認定」を、裁判（訴訟）の問題だけとしてとらえると、法学の一般的なテキストになってしまいます。

しかし、この章では「日常生活」に応用できるような事例を挙げてみました。裁判ではない「AさんとBさんは付き合っている！」というテーマ（主要事実）との関係で、**どのような「間接事実」が積み重なると、「主要事実」を「推認」できるかを実感してもらいました。**また、それが「証明」という「確信」状態の本質であることにも言及しました。

「証明」には、主要事実を直接立証できる「直接証拠」による方法ももちろんあります（**直接証明・直接認定型**）。

ただ、これはストレートな手法です（たとえば、包丁で刺したり、財布を盗んだりするシーンがそのまま撮影された映像がある場合など）。しかし、現実には直接証拠が残っていない場合も多くあります。そこで、間接事実による「推認」の手法を重点的にみました（**間接証明・間接推認型**）。

そして、この「間接事実」による「推認」の手法については、第1章でみた「6つのステップ」の「判断基準」が、間接事実としてみるべきものを「要素」（考慮事情）として具体的に示す役割も果たしていることを、最後にみました。

次章からは、いよいよ「二分法」の視点を提示します。これらは「AかBか」といういわば二項対立のわかりやすい視点ですが、法律家がよく使う視点になります。

参考文献等

- 石井一正『刑事事実認定入門〔第3版〕』（判例タイムズ社、2015年）
- 木谷明「犯人の特定」小林充＝香城敏麿『刑事事実認定──裁判例の総合的研究（下）』判例

タイムズ社、1992年）1頁
・渡邊忠嗣＝北島佐一郎「贓物の近接所持と窃盗犯人の認定」同81頁
・伊藤滋夫『事実認定の基礎〔改訂版〕－裁判官による事実判断の構造』（有斐閣、2020年）
・加藤新太郎『民事事実認定論』（弘文堂、2014年）
・土屋文昭『民事裁判過程論』（有斐閣、2015年）
・田中豊『事実認定の考え方と実務』（民事法研究会、2008年）
・土屋文昭＝林道春編『ステップアップ民事事実認定〔第2版〕』（有斐閣、2019年）
・小林秀之『証拠法〔第2版〕』（弘文堂、1995年）
・牧山市治「判解」最高裁判所判例解説民事篇昭和50年度471頁
・木山泰嗣『小説で読む民事訴訟法』（法学書院、2008年）
・荘司雅彦『事実認定の手法に学ぶ 荘司雅彦の法的仮説力養成講座』（日本実業出版社、2010年）

第5章

法律家は「法」に何をみているのか？

――二分法の視点（Part1「実体法編」）

法律家の4つの視点

第5章では、法律家が「法」をどのようにみているかについて、「二分法」の視点を取り上げます。二分法は、第6章でも取り上げますが（裁判編）、本章では「実体法」の視点が中心になります（実体法編）。

ここに挙げるもの以外にも、さまざまあるのですが、特にわかりやすいものを4つ紹介します。①**「法律か、命令か」**、②**「効力規定か、訓示規定か」**、③**「強行規定か、任意規定か」**、④**「遡及《そきゅう》効か、将来効か」**という視点です。

順に、みていきましょう。

BUKININARU

1 法律か、命令か

行政機関が制定する「命令」（政令・省令）

法には、さまざまな種類があることを、これまで各章で少しずつ解説してきました。序章で述べたように、法体系は、憲法を頂点に構築されています。序章では、「憲法」との対比で「法律」を取り上げ、「法律」も「憲法」に違反する場合には無効になるといいました。

しかし、実際には、「憲法」を頂点とする法体系には「法律」以外にも、さまざまあります。この点で、知っておくと、武器になるのが「法律」とは異なる「**命令**」です。

命令というと、「あれをしなさい」というような、上司からの指令のように思われるかもしれません。しかし、法の種類としての「命令」は、そうではありません。

命令とは、「**行政機関の制定する法規範**」です。これとの対比で考えると、法律は、立法府

法律と命令

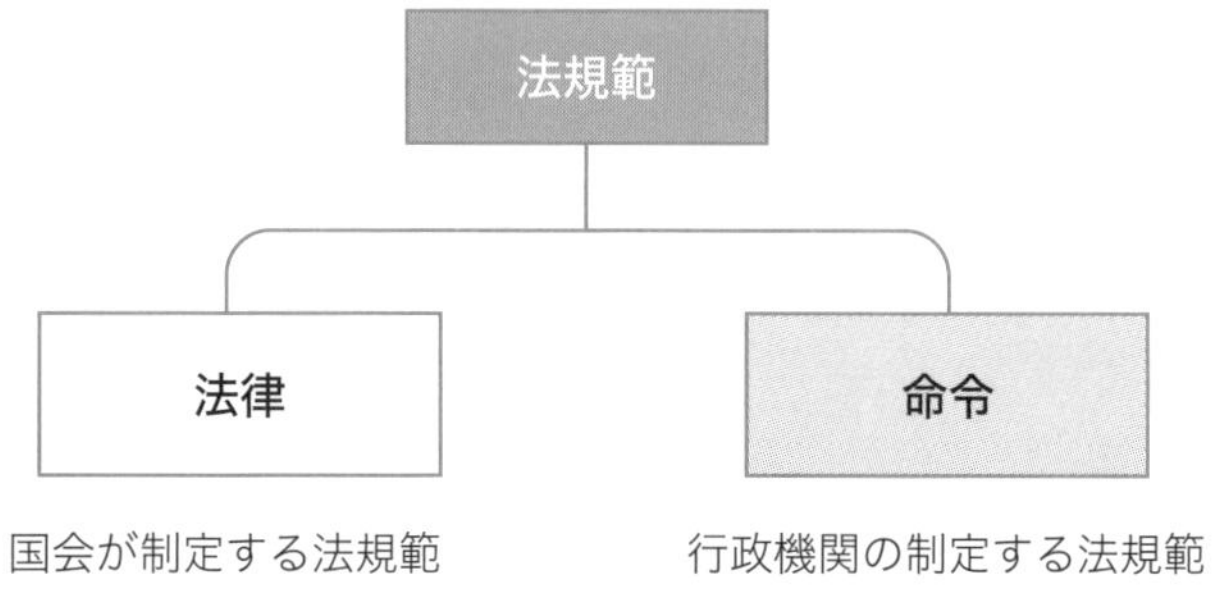

である「**国会が制定する法規範**」になります。

社会の授業で「国会は唯一の立法機関です」と習ったと思います。これは憲法に規定されているので、そのとおりです。ただ、実際には、これはあくまで「原則」になります。

憲法自身が、「例外」をいくつか定めて、国会以外の制定する「立法」（法規範）を認めているからです。その典型例は、内閣が制定する「**政令**《せいれい》」です。これは憲法に規定があります。ほかにも、大臣が制定する「**省令**《しょうれい》」もあります。「政令」と「省令」は、いずれも「**行政機関が制定する法規範**」です。

「商法」の条文が分離し、別の法律として独立した

これだけですと、公民の授業のようで、抽象論の域

を出ないと思います。もう少し、具体的にみてみましょう。

たとえば、六法の1つとして紹介した「商法」は、私法の一般法を定めた「民法」の特別法です。どのような場面における「特別法」かというと、**ビジネス（商売）における法**になります。

「商法」は六法の1つとして、明治時代に制定されたビジネスの法律です。多量・反復してなされる商売には、迅速さが求められます。また、会社などの企業の組織には、不正がないよう「適正な経営」も求められます。そこで、**民法と異なる「迅速」と「適正」が追求された法律が、「商法」ということになります。**

もっとも、その後、明治時代に制定された「商法」という1つの法律（商法典）には、細分化した専門的な法のニーズが生じます。そして、**当初は「商法」に規定されていた条文が「商法」から分離し、別の「法律」として独立していきました。**

典型例は、2005年（平成17年）に「商法」から独立した「法律」として定められた「会社法」です。ほかにも「手形法」「小切手法」「保険法」などさまざま、「商法」という法律から分離・独立しました。

これらの独立した法律もあわせて、法分野（科目名）としては「商法」と呼びます。もともと「商法」にあったものから分離されて独立の法律になったものに限らず、ビジネス（商売）に関する法律は、この意味ですべて「商法」という「法分野」（科目名）の対象になります。

商法から分離・独立した法律

商法（商法典）	手形法	1932年（昭和7年）に制定され、商法から独立
	小切手法	1933年（昭和8年）に制定され、商法から独立
	会社法	2005年（平成17年）に制定され、商法から独立
	保険法	2008年（平成20年）に制定され、商法から独立

広義の商法と狭義の商法

広い意味での商法（広義の商法）	商法	狭い意味での商法（狭義の商法）
ビジネス（商売）に関するさまざまな法律		商法（商法典）

これは、「広い意味での商法」（広義の商法）になります。「商事法」とも呼ばれます。この点で、「商法」という名前の法律（法典）は、「狭い意味での商法」（狭義の商法）になります。

会社法における政令・省令

六法の紹介では「商法」と記しました。ただ、実際にはいまの「商法」の中心は、2005年（平成17年）に独立した「会社法」に移っています。

その会社法では、「会社法」という法律だけではおさまらず、何を記載するかなどの細かな詳細を定める規定は、「政令」や「省令」に譲っています。その「政令」が「**会社法施行令**」であり、「省令」が「**会社**

法施行規則」です。

このように「会社法」の分野で考えたときに、「会社法」という法律のほかに、「会社法施行令」という政令があり、「会社法施行規則」という省令があるというと、行政機関である内閣が制定する「政令」や、同じく大臣が制定する「省令」のイメージがわくと思います。大臣はその分野を所掌《しょしょう》する国務大臣を指すため、会社法施行規則は「法務大臣」が制定しています。

「政令・省令」が法規範といわれる理由は？

さて、ここまでの説明で「政令」や「省令」などの「行政規範が制定する法規範」があることについては、何となくでもわかったと思います。

他方で、次の疑問が、まだ残るかもしれません。

「『政令』や『省令』などの『命令』も、『法律』と同じように、いずれも『法規範』といわれているのは、なぜだろう?」

「国会が制定する『法律』以外にも、行政機関が制定する『政令』や『省令』があるとは、どういうことなのだろう?」

という疑問です。これは、いずれも「法文が六法に掲載されています」と言えば、どうで

会社法の政令と省令

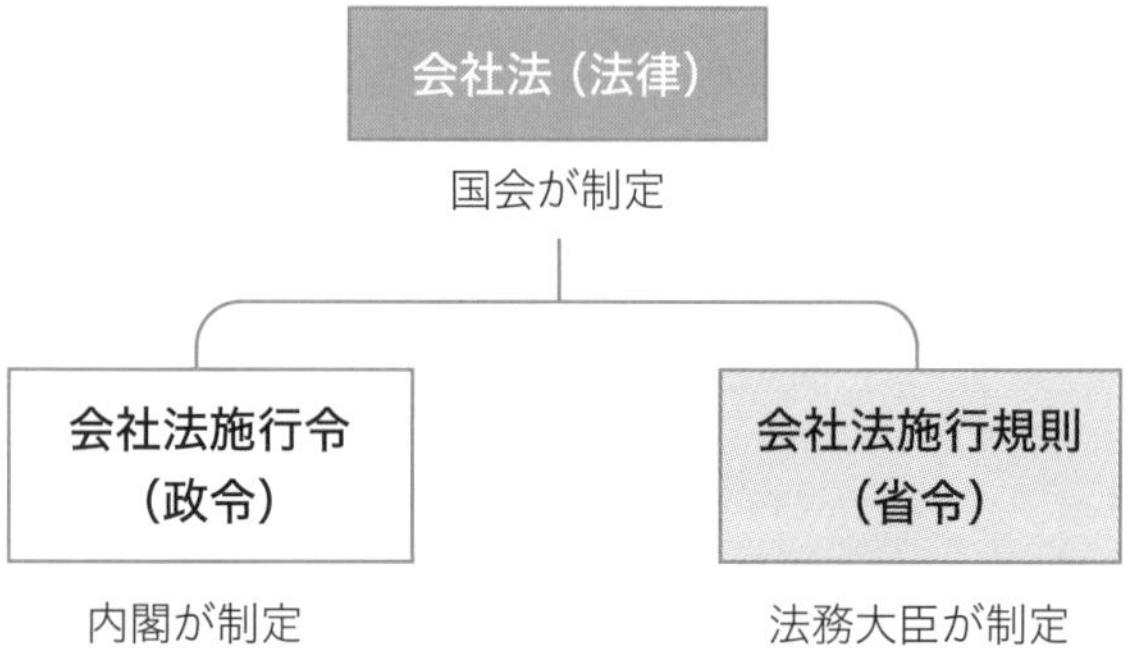

しょうか？

六法というのは、６つの法のことではなく、いわゆる本としての「六法」です。六法全書は分厚い百科事典のようなものですが、大学生が授業で使うハンディな六法が、一般に使われているものです。『ポケット六法』（有斐閣）、『デイリー六法』（三省堂）などです。

これらはハンディな六法なので、一般に使われる法律が収録されていて、たとえば、著者が専門にする「税法」は、ほとんど掲載されていません。

もっとも、オンラインが普及した現在では、政府（電子政府）の**「イーガブ（e-Gov）」で、ほとんどの法律は、インターネットで検索することで全文読むことができます。**

現実にはネットで検索して読むほうが便利です。市販の六法は毎年改訂されるのですが、法律が毎年改正され続けていることを考えると、イーガブのほうが便利で、現行法という意味ではより正確です。

それはさておき、この市販のハンディな六法には、法学部の大学生の多くが学ぶ「商法」、つまりは、その重要な法律である「会社法」関連については、条文がしっかり収録されています。そのなかには、「商法」「手形法」「小切手法」「保険法」「会社法」などの法律だけでなく、さきほど挙げた「会社法施行令」や「会社法施行規則」もあるのです。

大学に入学したばかりの法学部1年生に、「法学入門」の授業があります。「法学の基本」を伝えるこの授業では、「政令」や「省令」といった行政機関が制定する法規範である「命令」を説明するときに、「実際に、六法で引いて読んでみましょう」と説明しています。

政令・省令の条文を読んでみると・・・

こうして「命令」と呼ばれる「政令」や「省令」の条文を実際に読んでみると、あるいは読まなくても、目で追ってみると、「なんだ。これはそのまま条文じゃないか。これなら、法律と見た目はほとんど変わらないな」とわかります。

内容まではわからなくてよいですが、実際に挙げてみると、次のような条文です。

（目的）
第一条　この省令は、会社法（平成十七年法律第八十六号。以下「法」という。）の委任に基づく事項その他法の施行に必要な事項を定めることを目的とする。

法律の条文と「見た目」は変わらないですよね。これは「省令」である「会社法施行規則」の条文です。同じ「会社法施行規則」には、次のような条文があります。

（株主名簿記載事項の記載等の請求）
第二十二条　法第百三十三条第二項に規定する法務省令で定める場合は、次に掲げる場合とする。

これをみると、「法第百三十三条第二項に規定する法務省令で定める場合」とあるのがわかりますよね。この「法」は「会社法」を指しており、「法務省令」が会社法施行規則を指していることになります。

このように「法律」が規定する条文のなかで、「法務省令で定める」あるいは「政令で定める」という文言がある場合があるのですが、これを「**委任立法**」といいます。法律の細部については、「省令」や「政令」に規定を委任するということです。

「政令」である「会社法施行令」の条文も挙げておきます。

（電子公告調査機関の登録の有効期間）
第四条　法第九百四十五条第一項の政令で定める期間は、三年とする。

ここにも「法」という会社法の規定があり、「政令で定める期間」が具体的に記載されていますので、委任立法になります。

次に生じる疑問は、以下の点かもしれません。

「なるほど。『法規範』といわれるのは、こうして『法律』と同じように『条文』で定められているというのなら、意味は理解できた。でも、それで「法律」と「命令」とでは、何が違うのだろう？」

ここが、この節の重要ポイントです。結論からいうと、**「法律と命令」の関係は、前者が強く、後者は弱い**、ということになります。

序章の法体系を思い出してください。「憲法と法律」の関係を考えたときにも、前者が強く、後者は弱かったですよね。これを並べて考えると、次のように表記できます。

憲法 ＞ 法律 ＞ 命令

憲法と法律の関係を具体的に考えると、憲法に違反する法律は無効になりました。同じように、法律に反する命令も効力をもちません。

法律が大枠を定めて、細目については「政令」や「省令」に委任することがあることは、すでに述べました。もっとも、白紙委任であってはならず、個別・具体的なものでなければならないと考えられています。この点で、委任立法が「白紙委任」と評価されるような、個別性・具体性がない場合には、無効と判断される場合があります。

もちろん、それを判断するのは、具体的な事件のなかで行う裁判所の役割です。

これ以上に詳細を話すと、法学部の「法学入門」の授業になってしまうので、ここで止めますが、大事な視点としては、こうなります。

つまり、**法律家は「法律か命令か」を確認し、もし「命令」であった場合、裁判では「法律」に違反するという主張ができるかもしれないと考える**、ということです。

同じ六法に載っている「政令」や「省令」が、なぜ、「法律」に劣後《れつご》するのでしょうか？

これは「そもそも論」で考えることができます。

そもそも、法律は、主権者である国民によって選挙で選ばれた「全国民の代表」である国会議員で構成される「国会」で制定されたものです。自由主義を任《にな》う裁判所に「人権侵害」があれば否定されることはあっても、やはり「民主主義」は強い、ということです（序章参照）。

そして、国会で審議・可決されて制定されたわけではない「政令」や「省令」などの行政機関が制定する「法規範」は、民主主義に負けるということです。

BUKININARU

2 効力規定か、訓示規定か

民法などの「実体法」は、国民の権利や義務について「要件」と「効果」を定めているといいました（142頁参照）。

「100万円返せ訴訟」の例で、考えてみましょう（第4章参照）。この例では、貸金返還請求権が発生するという「効果」が生じるための「要件」として、①「金銭授受」と②「返還約束」があるという説明をしました（144頁参照）。

この場合、「要件」を満たせば「100万円を請求できる権利」が裁判所に認められます。だからこそ、Xは、その「要件」を満たすことを主張するのです。具体的には、①金銭授受と②返還約束を満たすことを基礎づける、①「XはYに100万円を手渡した」②「YはXに100万円を返すと約束した」という「主要事実」があることを主張し、これらの事実が認定されるように立証活動をするわけです。

法と道徳の違いとは？

「法」の意味を考えたときに、「道徳」との違いがよく引き合いに出されます。法学入門の授業の第1回で、入学したばかりの大学1年生にお話することです。本書では説明のための本にならないよう、ここまでとっておきました。

さて、**「法と道徳の違い」**は、何だと思いますか？

> ① 法も道徳も守るべきことを書いたルールなのでまったく同じである
> ② 法は行為について外面的なことを規律し、道徳は心について内面的なことを規律する
> ③ 法には強制力があるが、道徳には強制力はない

いかがでしょう？　正解は、③が最も重要なのですが、②も事実としてはあるでしょう。

ちなみに、法にも人の行動を律する**「行為規範」**といわれる部分と、裁判になったときに裁判の根拠になる**「裁判規範」**といわれる部分の2つの側面があります。これも「法学入門」の第1回でお話する内容なのですが、ここでは簡単にみてきましょう。

まず、**「行為規範」とは、法に書いてあるから「こうしよう」あるいは「これをしないよう**

行為規範と裁判規範

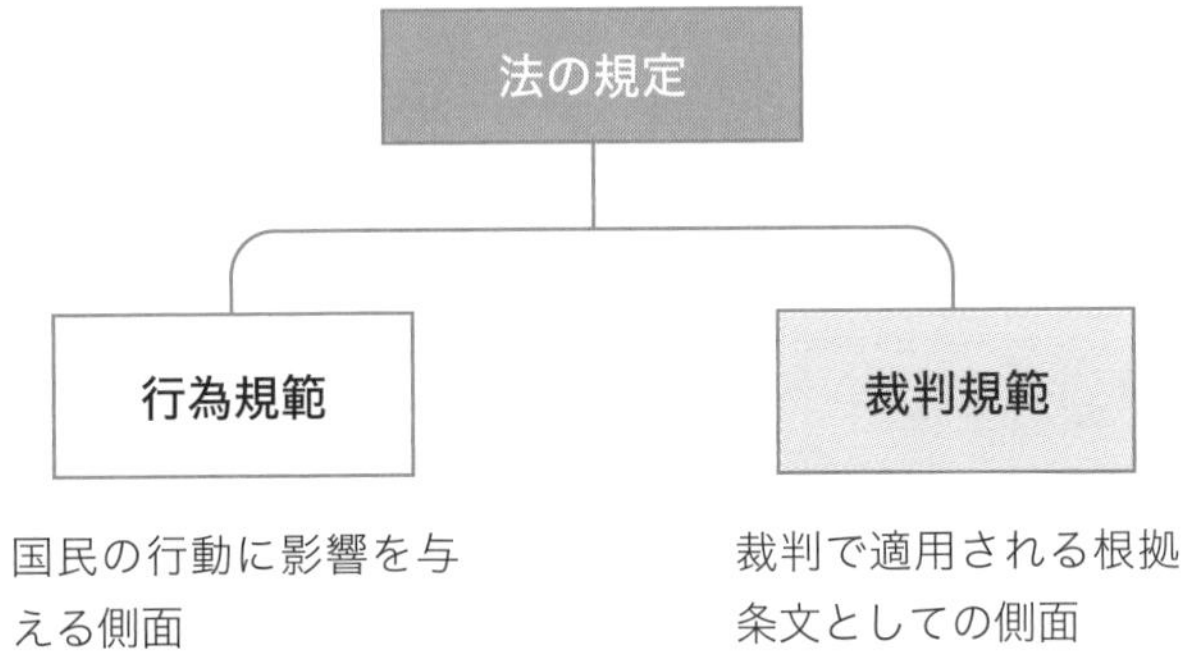

にしよう」と国民の行動に影響を与える側面のことです。

これに対して**「裁判規範」は、実際の裁判になったときに、裁判所が判決を書くときに根拠にされるもの**です。その意味で、裁判で適用される根拠条文としての側面といえます。第1章のケース①（贈与税回避事件）やケース②（同族会社必要経費事件）でも、法律の条文が使われていましたね。

法の規定には、こうした2つの側面があります。

法にはどのような強制力があるか？

さて、このように**「道徳」と異なり、「強制力」のある「法」**ですが、実際には、どのような強制力があるのでしょうか？

たとえば、さきほどの「100万円返せ訴訟」では、「YはXに100万円支払え」という裁判所の判決が下されたとします。この判決が確定すると、XはYから100万円の支払を拒否されても、Yの財産に対して強制執行をすることができるようになります。

これは「法」が与えた「**強制力**」の具体例です。これも法学入門の第1回でお話することなのですが、「**自力救済**《じりきゅうさい》**の禁止**」といって、「法治国家」の下では、自分の権利を実現する場合でも、最後は裁判所の強制力を使うことが必要になります。

それをしないで、自分で力ずくで権利を実現しようとすると、それは犯罪になります。たとえば、Yが100万円を返してくれないからといって、XがYのマンションに侵入して金庫をあけて100万円を勝手に持ち出せば「窃盗罪」になります。娘を殺された父親が「復讐」のために犯人を捜しだして殺した場合、被害者の遺族である親であっても「殺人罪」になります。

自力救済の禁止は、復讐を禁止するもので「法秩序の維持」を目的にします。紛争解決は、最後は「裁判所」という国家権力を使うことが必要になるのです。

法律の規定は、「効力規定」と「訓示規定」に分けられる

このように「強制執行」ができるなどの「強制力」が法によって与えられるのは、金銭消費貸借契約が成立すると貸金返還請求権が発生するという、裁判で強制を求めることができる「効力」を定めた規定があったからです。こうした規定を「**効力規定**」といいます。

法律の規定がもつ効果

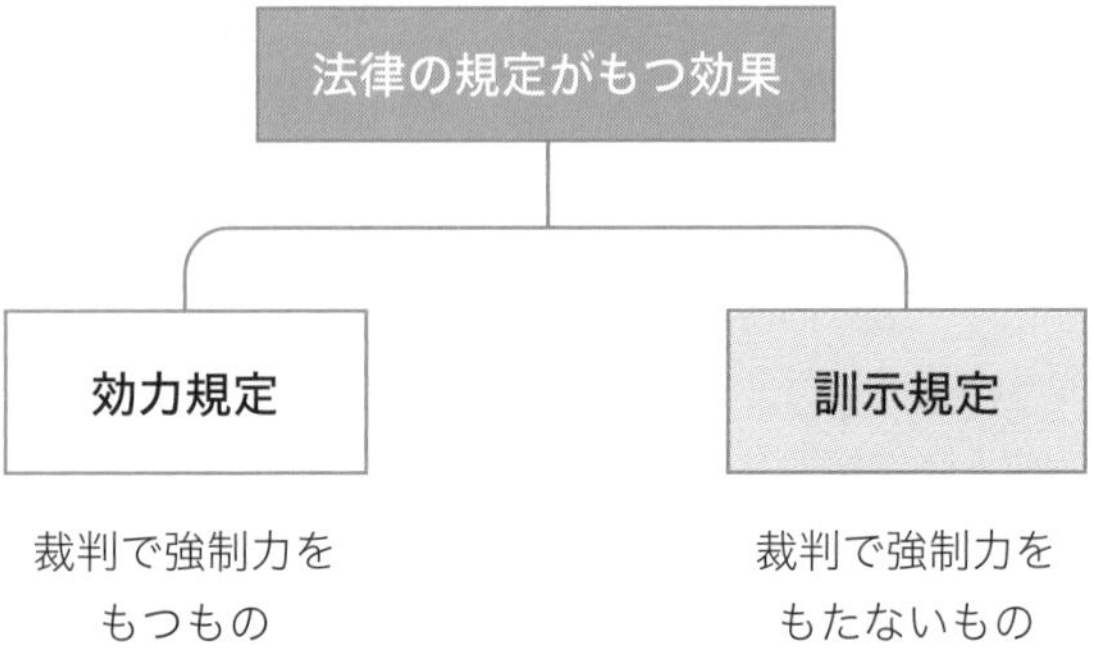

このようにいうと、次のように思われるかもしれません。

「法律の規定は『要件と効果』を定めているのだから、要件を満たせば効果が発生するのは当たり前ではないか？」

多くの法律の規定は、具体的に裁判で強制力をもつ「効力」を定めています（効力規定）。この点が、まさに「法と道徳」の違いから説明ができる部分でした。

しかし、法律の規定のすべてに「強制力」があるわけではありません。なかには、「**訓示《くんじ》規定**」といって、国民の「行為規範」としてあるべき姿を規定しただけのものもあります。

この場合、裁判を起こしたとしても、その規定の適用を理由に「強制力」を得ることはできません。

たとえば、民法には、夫婦は互いに扶《たす》け合うべきという規定があります。

これ自体は、「夫婦は家族なのだからお互いに扶け合いなさい」という「行為」を促す「行為規範」としての側面しかないと解されています。

結婚生活を営むなかで、奥さんがテレビばかりみている。怒ってばかりで「僕をまったく扶けてくれない」といって裁判を起こしても、「夫を扶けなさい」という判決は出ない、ということです。あくまで、具体的な効力をもたない「訓示規定」に過ぎないからです。

これは別居期間が続いて離婚調停になった場合に、別居期間中の「生活費」を「婚姻費用の分担」として支払を求めることができることとは違います。婚姻費用の分担について別に民法に規定があり、これは「効力規定」であると解されているからです。

このように「法」に定められた規定がある場合でも、通常は「効力規定」であることが多いですが、「訓示規定」と読まざるを得ないものもあります。法を使うことはないとしても、**勤務先の社内規程や所属する団体の規約などを読むときには、「これは効力規定なのか、訓示規定なのか」という議論はできるはずです。**

また、「効力規定」という考え方を知ったあなたは、ぜひ、今後、仕事・日常生活・報道などで疑問に感じた「法の規制」があったときには、その法規制の内容を調べてみるクセをつけるとよいと思います。法学部の学生など法に専門的にたずさわる人でないと学ばないような「憲法」「民法」「刑法」などの基本法と違い、現実にあるさまざまな「特別法」は条文の数もそれほど多くなく、条文を読んでみるだけでも理解できるものも多いです。

たとえば、「新型感染症で発令された緊急事態宣言は、どのような『法的根拠』があるのだろう?」という疑問をもったら、インターネットで法文を調べてみましょう。イーガブ(e-Gov)を使えば、法律の「条文」をネットですぐに読めるといいました。「○○法」などという法律名(または通称)で検索するだけで、だれでも「条文」を読むことができます。

こうして、**国民の権利を侵害するような「規制法」の条文を読むときには、①どのような行為が規制されるのか(要件)をみるだけでなく、②違反するとどのような制裁があるのか(効果)もみるとよいです。**

もちろん、それ以上に専門的な事項を知りたければ、専門書を調べたり、仕事などで必要な事項であれば弁護士に相談したりする必要が出てくるかもしれません。ただ、そこまでいかない**「日常の疑問」レベルであれば、まずはネットで「法律の条文を調べてみる」という方法があります。**

たとえば、新型感染症の拡大にともない発令された緊急事態宣言であれば、イーガブで調べてみれば「特措法《とくそほう》」と報道機関が呼んでいる「法律」の正式名称が、「新型インフルエンザ等対策特別措置法」であることがわかるでしょう。「緊急事態宣言」は、イーガブの冒頭にある目次でみると「第四章　新型インフルエンザ等緊急事態措置」であることがわかります。

スマホでも読めます。早速、気になる「法律」の「条文」を、イーガブでみてみましょう。

BUKININARU

3

強行規定か、任意規定か

民法には「任意規定」が多い

「効力規定か、訓示規定か」と似ていて、少し異なる二分法に「強行規定か、任意規定か」があります。

「強行規定」とは、当事者の合意でも排除できない規定です。これに対して、**「任意規定」は、当事者の合意で排除できる規定**です。

「効力規定か、訓示規定か」という二分法は、要件を満たしたとしても、法が具体的な「効力」は与えない場合もある、というものでした。

これとは異なり、「強行規定か、任意規定か」は、「**法律が優先するのか、当事者の合意が優先するのか**」という視点になります。

強行規定と任意規定

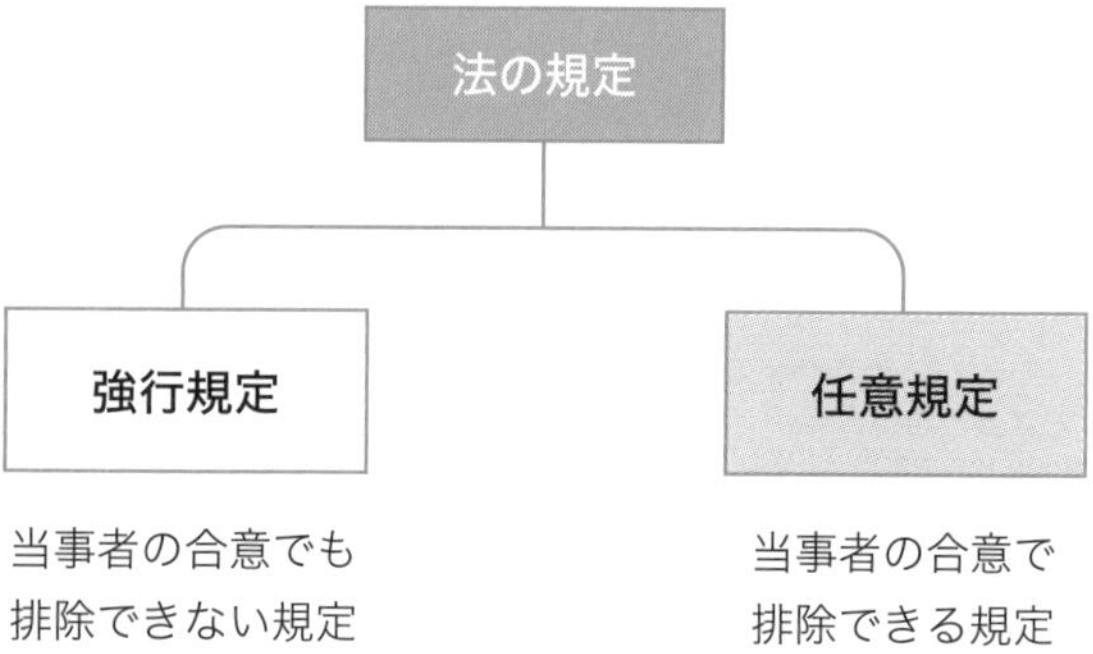

第3章で、民法には「私的自治の原則」という基本原則があるといいました。そして、これは具体的には「契約自由の原則」にあらわれるともいいました。

契約自由の原則は、当事者が合意したのであれば、法はそれには干渉しないという原則です。なぜなら、お互いに「それでいい」といっているからです。合意がなされている以上は、法は口出しをしません。これは、当事者間の私的自治に委ねるのが、ベストだという考え方です。

この点で、私人という当事者間の問題を規定した「民法」には、じつは「任意規定」が多いです。**任意規定にあたれば、当事者の合意があれば「合意」のほうが優先し、その民法の規定はその当事者には適用されない**、ということです。

民法では「任意規定」が多いため、契約書の作成が重要

このように**民法には「任意規定」が多いので、契約書の作成が重要になるのです**。契約書の作成においては、顧問弁護士に相談をして点検してもらう企業が多いです。わたしも、いまは大学教授ですが、弁護士として法律事務所で働いていたときは「契約書のチェック」を日常的にやっていました。

そこでアドバイスすることは、すでに力関係が決まっている相手から契約書のドラフトが提示された場合に、「民法の規定だとこうなっていますけど、それがこの契約書案では修正されています。相手に有利になっています」といった「法的な視点」です。

会社にとって必要な取引をする以上、のまざるを得ないのであれば、そのように民法の「任意規定」よりも不利な合意をすることになる「契約書」にサインすればよいだけです。それに納得がいかなければ、これはまだ原案です。「第○条第○項ですが……」と反論し、修正案を提示することもできるでしょう。

こうして、契約書が重要になるのは、民法などの任意規定と異なる規定を設けることができるからです。

そして、任意規定は「合意（契約）」に敗れるわけです。しかし、もともと「任意規定」は、合意があればそれによるけれど、「合意がない場合はこうなりますよ」という「裁判規範」と

しての意味をもっているものに過ぎません。

契約書を作成しないで、契約をしている。これは、いまの世の中でも、まだ比較的あることでしょう。この場合、合意された事項が文書化されていません。そのため、紛争が起きたときに、お互いに困ります。これまで行ってきた取引などの「指針」となる「合意内容」を、文章でひも解くことができないからです。

このような場合に、民法の「当事者に合意がない場合には、こうなりますよ」という「任意規定」が、「裁判規範」として活用されるわけです。

たとえば、金銭消費貸借契約の規定が民法にはありました。この場合、利息の合意もすれば、原則としてその合意によることが民法には書かれています。

「では、利率はどうするか?」

これも合意で決めればよいわけです。これが利息制限法の上限を超えると無効になりますが、そうでない限りは合意で利率も自由に決めることができます。これが「契約自由の原則」です。ただし、**例外として「民法」の「特別法」である「利息制限法」の上限を超えれば、その超過部分が無効になります**。これはなぜかといえば、**「利息制限法」の超過利息の規定が「強行規定」だからです**。当事者の合意があっても、「強行規定」は優先して適用され、これを排除することはできないのです。

では、利息の合意はしたのに、利率を定めていなかったという場合はどうでしょう？

あまり考えられないかもしれませんが、そのような場合には民法に「法定利息」を定めた規定があります。これは「任意規定」といえます。

契約書でみる「強行規定」の例

さて、任意規定と強行規定の違いは、これでイメージがついたかと思います。

ここでは、契約自由の原則との関係で、もう少し具体的に「強行規定」の例をみておきたいと思います。

契約自由の原則には、次の4つがあります。

①契約締結の自由（契約を締結するかどうかは、当事者の自由）
②相手方選択の自由（だれと契約をするかは、当事者の自由）
③契約内容の自由（どのような内容の契約をするかは、当事者の自由）
④契約要式の自由（どのような要式で契約をするかは、当事者の自由）

「契約書を作成しない契約」の話をしたときに、違和感を覚えた方もいたかもしれません。「契約書を作成しないで、契約をしている」という、くだりです（２０４頁参照）。

しかし、④契約要式の自由があるため、「強行規定」で「契約書の作成」が求められる場合でない限り、契約をするにあたり、法律上は「書面」（契約書など）の作成は求められません。**口頭でも契約は成立する**のです。

何かの取引をしていることは、取決めの文書がなかったとしても、契約をしているということになります。ただ、その内容が文書化されていないと、紛争になったときには困ります。「いった、いわない」の水かけ論になってしまい、決め手を欠くことになるからです。

これが事前に「契約書」などの合意文書があれば、紛争になったときには「強行規定」に反しない限りは、当事者はその契約書に拘束されることになります。

さて、④ですが、民法が定める契約のほとんどは「**諾成契約**《だくせい》」です。**諾成とは、書面がなくても、契約の申込みと承諾の意思表示が合致すれば、口頭でも契約は成立する**ということです。

これに対して、**「要式契約」といって、口頭では契約の成立が認められないもの**があります。法律上、契約の成立に「書面」の作成が求められる場合です。たとえば、「保証契約」があります。保証契約とは、他人の借金などの債務を肩代わりするものです。かつては、他の契約と同様に口頭でも問題はありませんでした。

しかし、貸金業などが悪質な取り立てを保証人に行うことが社会問題化します（連帯保証人が、自分が借りていない他人の借金のために破産したり、自殺するような事例が多発しました）。

そこで、2004年（平成16年）の民法改正で、保証契約（連帯保証契約も同様）については、「書面」が契約の成立に必要になりました。これは、「契約自由の原則」の具体的な内容④の「例外」を定めた「強行規定」になります。

1番重要なのは、③契約内容の自由です。この「例外」には、民法に古くから「公序良俗《こうじょりょうぞく》」を定めた規定があります。**「公《おおやけ》の秩序」や「善良な風俗」（略して「公序良俗」）に違反する契約は「無効」になる**とされています。これは、まさに「強行規定」です。

教科書的な事例になりますが、たとえば、殺人契約（Aを殺したら1億円支払うといった契約）です。殺人契約は、いくら当事者間で合意がなされても「公序良俗違反」で「無効」になります。社会秩序に反する合意には、法は手を貸さないということです。

もちろん、このような契約が裁判所にもち込まれることは通常はないでしょう。それでも、もし「契約違反」を主張して、Xが「Aを殺した」ので「1億円を支払え」という民事訴訟をYに対して起こしたときは、どうなるでしょう？

裁判所は「契約書をみて、契約自由だからね。仕方ないね。ひどい話だけど、1億円支払いなさい」という判決を書かなければならないのでしょうか？　このようなときに、「公序良俗違反なので契約が無効です」といって、裁判所は請求を棄却できるのです。

このレベルの悪質な契約は当然としても、「公序良俗違反」というのは要件が抽象的なので、判断がむずかしいものも多いです。たとえば、愛人に遺産の一部を贈与（遺贈）する遺言があったときに、裁判所は法定相続人の相続分が確保されているかなど、さまざまな事情をみたうえで「公序良俗に違反するか」を判断しており、ケース・バイ・ケースの結論が出ています。

暴利行為も「公序良俗違反」といわれています。しかし、その判断はむずかしいです。たとえば、新型の感染症が拡大した際に、マスクが市場からなくなったことに目をつけ、本来の定価の2倍の価格でマスクを売った人がいたとします。メルカリでも何でもよいのですが、これを買った人との間で締結された売買契約（もちろん契約書がなくても成立しています）は、「公序良俗違反」として無効になるのかというと、なかなかむずかしい判断をせまられるでしょう。

このように「公序良俗」は、その要件が抽象的で、判断をすることが容易にできる明確さがありません。こうした漠然と一般的に適用されることを定めた規定は、「**一般条項**」といわれます。**一般条項は、具体的な法律の規定がないときに、最後の手段として裁判で使うことができる点には、意味があります。**しかし、**最後の手段なので安易に使うことはできない**と考えられています。民法には、ほかに「**信義則**《しんぎそく》（**信義誠実の原則**）」や「**権利濫用の禁止**」を定めた一般条項があります。前者は相手との間で築かれた信頼を保護するもので、後者は権利があっても濫用は許されないというものです。

近年では、「**消費者契約法**」などの「民法」の「特別法」の規定のなかで、具体的な場面を特定してある部分（違約金の定めなど）が無効になる「強行規定」が制定されるようになりました。なるべく条文を挙げないようにしている本書ですが、イメージをもてるように、消費者契約法の条文を一例として挙げておきましょう。9条1号の規定です。

> （消費者が支払う損害賠償の額を予定する条項等の無効）
> 第九条　**次の各号に掲げる消費者契約の条項は**、当該各号に定める部分について、**無効とする。**
> 一　当該消費者契約の解除にともなう損害賠償の額を予定し、又は違約金を定める条項であって、これらを合算した額が、当該条項において設定された解除の事由、時期等の区分に応じ、当該消費者契約と同種の消費者契約の解除に伴い当該事業者に生ずべき平均的な損害の額を超えるもの　当該超える部分

事業者は消費者に一方的な契約を提示し、それに応じないと取引に応じません。そこで、特

別法による民法の修正が、時代の要請になっています。

「強行規定か、任意規定か」という視点は、取引や契約をする際に、重要な視点になります。強行規定となれば、契約書を作成する際に力をもつ側にとっては、その規定を遵守しないと、相手から後に裁判で無効を主張される、というリスクを知ることができるからです。

また、不利な条項が記載された契約を締結した者にとっては、条文に書いてあっても法的には従う必要はないと判断される可能性があると、「勇気」をもらえる視点になるからです。

BUKININARU

4

遡及効か、将来効か

実体法に関する二分法には、「遡及効か、将来効か」という視点もあります。

これも、法律家が常に意識している点になります。なぜかというと、**法律が定める「要件」を満たしているとなっても、その「効果」が、いつ発生するか**ということは、ときに重要な問題になるからです。

たとえば、会社の合併がされたあとに「合併は無効だ」とする訴えが提起され、裁判所も法の手続によらないもので「合併は無効」とする判決文を言い渡したとします。

この場合に、過去にさかのぼり合併を無効とすると、合併後になされた法律関係が崩されてしまい、多数の第三者に迷惑をかけることになります。

そこで、合併無効の効力は、将来に向かってのみ生じると会社法に規定されています。

遡及効と将来効

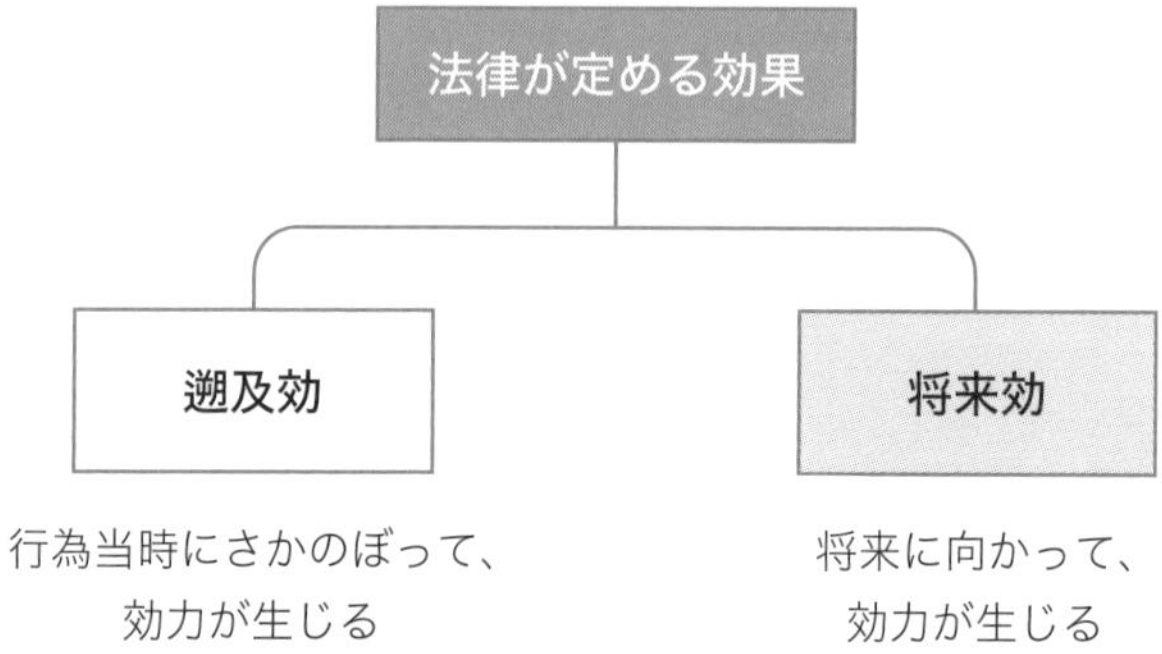
法律が定める効果
遡及効
将来効
行為当時にさかのぼって、
効力が生じる
将来に向かって、
効力が生じる

この場合、行為当時からではなく、**判決確定時から効力が将来に向かって生じるという意味で「将来効」といいます。**

これに対して、行為当時にさかのぼって、効力が生じる場合もあります。**効力が行為当時にさかのぼるため「遡及効」といいます。**「さかのぼる」は漢字では「遡る」と書きますよね。この点から、「効力を過去に遡って及ぼす」という意味です。

民法における「遡及効」は？

たとえば、民法が定める所定の期間を占有し続けると、他人の物の所有権を取得できる**「取得時効」**という制度があります。20年間、他人の土地を占有し続けたことで「取得時効」が裁判所に認められたとします。その土地の所有権はいつから取得したことになるのでしょうか？

この点については、判決確定時からではありません。取得時効の要件を満たすために「占有を開始した時点」にさかのぼります。これは、民法の条文に規定されています。

取得時効の効果には、遡及効があるのです。この場合は、時効は20年の占有によって完成したのですから、むしろ時効が完成した時に所有権を取得すると考えるほうが正しいようにも思えるでしょう。しかし、権利関係が錯綜《さくそう》することを防止するため、**占有開始時に取得時効の効果はさかのぼることが、民法には規定されているのです**。

税法における「遡及効」は？

ところが、**税法ではどうかというと、この遡及効は無視されます**。所得税法では、金銭に限らず、経済的価値を得ると「所得」として認識され、所得税が課されます。土地の所有権を時効で取得すれば、その土地の時価相当額の「所得」を得たことになり、一時所得として所得税が課されます。

この場合、裁判で争われたのですが、民法には取得時効の効果は遡及するとあるので、土地を取得したのは占有を開始した20年前ではないかという主張が考えられます。しかし、所得税などの国税について、課税庁（税務署長）等が課税処分をすることができるのは、原則として5年（確定申告の期限から5年以内）に限られます。そうすると、取得時効の場合に、民法どおり遡及効を認めると、所得税を課す機会がなくなってしまいます。

また、所得税の観点からすると、所有権という「権利」を取得したことが「確定」したときに課税されるという仕組みがとられています。そこで、**民法に遡及効の規定があっても、それは民法の問題であり、所得税法では違うと考えられているの**です。裁判例では「援用《えんよう》」といって、取得時効の利益を受ける意思を表明したときの年分に、所得税が課せられると解されています。

取決めでは、「いつから、適用されるのか？」を考えることが重要

ここでは、1つの「法解釈」に問題が及びました。法が定める「効果」が「効力規定」であるとしても、ある時点までさかのぼるのか（遡及効があるのか）、さかのぼらず将来に向かって生じるのか（将来効なのか）は、重要な問題です。

法律に規定があっても、このように別の法律が適用される場合には異なる判断がなされるくらいです。**日常の視点でいうと、法に限らず、社内規程をあらたにつくる場合や改正する場合などでも、その決まりは「いつから、適用されるのか？」を考えることが重要**になります。

その際に、「これって、将来効ということでいいですか？　それとも遡及効ですか？」という視点がもてれば、この二分法が活きてくるでしょう。

具体的には、後日の混乱やトラブルを防止するために、あたらしく定めた決まりの効力が、いつから生じるのかを書いておいたほうがよいでしょう。

こうした「効力規定」の適用時期について定めておかなかった場合には、「この規定の効力をどのように読むべきか？」という「解釈」の問題が起きます。そのときには「そもそも論」などの「思考法」を使いながら、どのように読むのが妥当であるかの「解釈」をすればよいでしょう。なお、解釈の方法については、第7章で説明します。

BUKININARU

第5章 まとめ

第5章では、法律家は「法」に何をみているのかに迫《せま》るため、二分法の視点の1つとして「実体法編」を解説しました。具体的には、民法などの実体法を中心に、日常生活でも「視点」として活用できる可能性のある「二分法」をみました。

4つみましたが、改めて確認しておきましょう。

① 法律か、命令か
② 効力規定か、訓示規定か
③ 強行規定か、任意規定か
④ 遡及効か、将来効か

②、③、④は、まさに日常生活でも、会社の社内規程やさまざまな団体の取決めなどでも、

そのまま有益な視点になるでしょう。

①については、法を使う人でないと関係ないと思われたかもしれません。しかし、法律問題が起きたときを考えると、「それは、法律にある規定なのか、命令にある規定なのか」という視点をもって損はないでしょう。

これは、業界で定められたガイドラインや社内規程など、法律でも命令でもないさまざまな「ルール」との抵触が問題になったときにも、役立つ視点です。

それは、なぜでしょうか？　これは、第5章でみてきた他の視点にもいえることですが、**いっけんある規定（ルール）に違反しているようにみえても、その規定（ルール）自体の法的根拠や効力を疑ってみることは、法的な思考として重要だからです。**

法が定めたルールを、どのように読むべきかについては「法学的解釈の手法」として、第7章で説明をします。

その前に、次章では、もう1つ、別の観点からの「二分法」をみていきます。これは「実体法」の問題ではなく、「手続法」が定める「裁判に対する見方」になります。これまでみてきた、ケースなどの裁判の具体例を検討した際に、詳細には説明していなかった「裁判に対する見方」の基本部分を、「AかBか」という二分法で整理して解説します。

参考文献等

- 道垣内弘人『プレップ法学を学ぶ前に〈第2版〉』（弘文堂、２０１７年）
- 五十嵐清『法学入門〈第4版 新装版〉』（日本評論社、２０１７年）
- 近藤光男編『現代商法入門〈第10版〉』（有斐閣、２０１９年）
- 木山泰嗣『もしも世界に法律がなかったら―「六法」の超基本がわかる物語』（日本実業出版社、２０１９年）
- 木山泰嗣『分かりやすい「民法」の授業』（光文社新書、２０１２年）

第6章

法律家は「判決」に何をみているのか？

——二分法の視点（Part2「裁判編」）

法学を考えるにあたって、避けて通れないのが「**ケース・スタディ**」です。「ケース」とは、過去にあった「事例」を指しますので、「**事例研究**」という意味になります。この「事例」は、裁判になった事例の判断が、その対象になります。

社会をよりよくするためにつくられた**「法」というルールも、実際にこれが適用されることで、はじめて、その意味が明らかになるからです。**

もちろん、裁判に適用されなくとも、「法律に書いてあるから、こうしよう」という「行為規範」としての役割はもちます。しかし、この「行為規範」は、実例として集計することはできないため、漠然としています。そもそも、人が「法を意識したから、行動したのか」「法を意識しないで行動した結果が、法に合致していたのか」を検証することは困難です。

たとえば、銃刀《じゅうとう》法（正式名称は「銃砲刀剣類所持等取締法」）があるから、日本人は拳銃を所持しないのでしょうか。違反すれば処罰されるという点で、法の「規制」が果たす役割はあります。しかし、そのような「法律」の存在を知らない人でも、「拳銃は所持してはいけないもの」という意識があるはずです。

この点で、「法令遵守《ほうれいじゅんしゅ》」が強く求められる現代の企業の場合には、裁判になる以前に「会社法」を中心に細かく規定されたルールの順守が強く求められる風土ができました。「**コンプライアンス**」という言葉が、子どもにも広く知られるようになった意義は大きいでしょう。

ただし、法令を守っていればよいとするのが「法令遵守」です。**「法令」に規定されていな**

くても、社会的にみて「やってはいけないこと」はしないという企業の自制が「コンプライアンス」です。法律家の間では、両者は意味が違うと考えられています。

さて、「行為規範」の話に戻りましょう。このようにみていくと、法の本来の意味は「行為規範」の部分よりも、「裁判規範」として現実に裁判所に使われたときに、強く光を放ちます。

そこには、現実に起きた「事件」があります。そして、これは「証拠」によって認定された「事実」として、裁判所の判決文にあらわれます（事実認定）。こうして確定された事実を前提に、法の規定は「解釈」され「適用」されます（法解釈とあてはめ）。

第1章で述べた「法的三段論法」です。この三段論法は「6つのステップ」に分析することができました。①「条文」→②「要件」→③「判断基準」→④「認定事実」→⑤「あてはめ」→⑥「結論」です。これらのすべてが文章で記載されたものが、裁判所の「**判決文**」です。

法律家は「判決文」をどう読み、どう使うのか？

裁判所の判断には、序章でみた「尊属殺人違憲判決」のように「**判決**」である場合が一般的です。ただ、裁判の手続の仕組みによって、遺産相続のような家事《かじ》事件などの場合には、最高裁の判断が「**決定**」の場合もあります（序章の「非嫡出子違憲判断」参照）。

本章では、こうした「判決」か「決定」かを問わず、裁判所が行った判断内容を、とりあえず、区別することなく「判決」と呼ぶことにし、またその文章で書かれた裁判の結果を「判決文」として説明していくことにします。

第6章では、**こうした裁判所の「判決文」を、法律家がどのように読んでいるか**を解説します。法律家にとっての判決文は、「単に読む」対象であるだけではありません。

特に、弁護士、検察官など訴訟活動を行う法曹《ほうそう》にとっても、**「主張と反論」（第2章参照）を的確に行うために「使う」対象**でもあります。もちろん、判決を書くことになる裁判官にとって、判決を批評する法学者にとっても、判決文は「読む対象」であると同時に、自分の考えをまとめる際に「使う対象」になります。

その意味は、ある事例に法を適用するとなったときには、その「解釈」（法解釈）をどのようにすべきかという点で、必ず、過去の先例をひも解く作業が必要になる点にあります。**法律家は「判例は？」と必ずいいます。判例は「先例」として重要**なのです。

それは、なぜなのでしょうか？

また、このように重要な「先例」が発見されたとしても、立場によって（あるいは判断する裁判官によって）、その「先例」の使われ方が異なる場合があります。これがまさに「判決」を使う場合ということになります。

第6章では、このような観点から、判決を読み、そして使うために、法律家が日常的に使っている視点としての「二分法」を取り上げます。

BUKININARU

1

刑事裁判か、民事裁判か

内容に入る前に、ここで1度、裁判の仕組みのうち、基本部分を整理しておきたいと思います。

これまで「刑事裁判」「民事裁判」と、特に断りなく使ってきました。それは、読者の方にも、一応のイメージはあるであろうという前提でした。また、本書は本来の（というか法律を専門的に扱う人に向けたという意味での）「法律書」ではないため、細かな仕組みの議論は棚上《たなあ》げしていた側面もあります。

ここで両者の詳細を説明し始めると、法学入門や裁判入門のような「法律書」の議論になってしまいます。そこで、簡潔に違いを述べるにとどめることにします。

まず、裁判は大きく分けると、2種類に分かれます。1つが「**刑事裁判**」で、もう1つが「**民事裁判**」です。その前提として「裁判」とは何かですが、これは「法律上の争訟」を「司法権」

裁判の種類

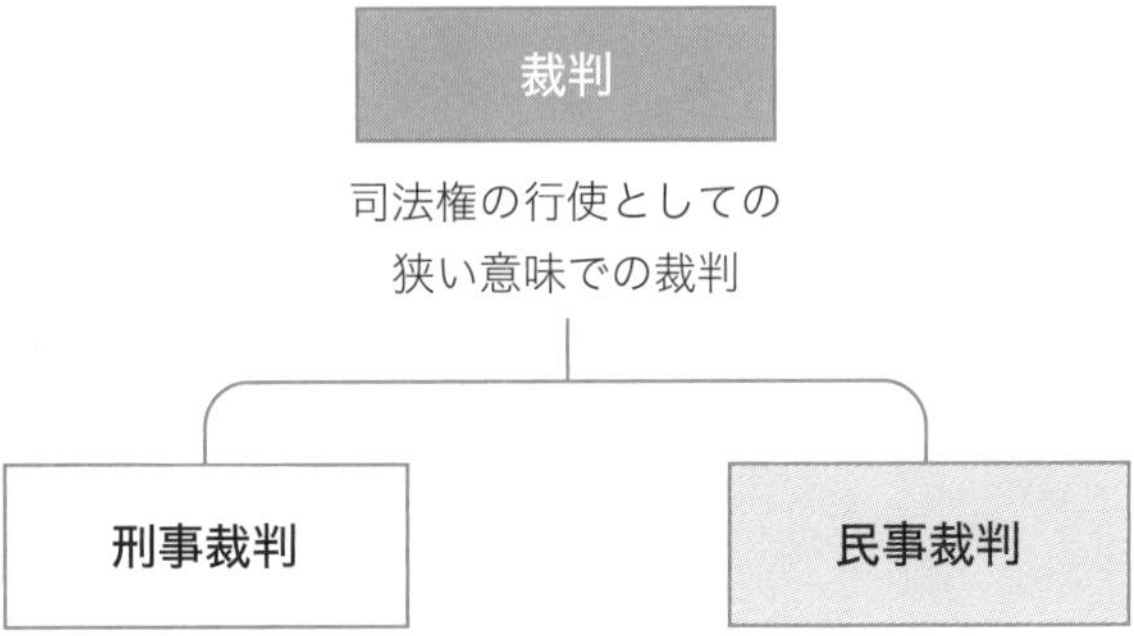

の内容として触れたときに言及しました（第1章参照）。

　この点を再度確認しましょう。つまり、**裁判とは「司法権」を担う「裁判所」が、紛争を解決するために法を適用する作用**です。

　行政機関が「裁判」と同様の審理・判断をする場合もあります。たとえば、本書で例をいくつかみた「税法」の適用が問題になる裁判（税務訴訟）では、裁判所（地裁）に訴えを提起するためには、その前に「国税不服審判所」という行政機関に「**審査請求**」を行うことが求められます。

　これは、「行政機関」が（広い意味での）裁判をする場合です。ここでは「司法権」の行使として「裁判所が（最終的に）判決を下す」作用としての「裁判」をみていきます（一般にも、行政機関が行う裁判は「裁判」とは呼ばれず、「**不服申立て**」などと呼ばれています）。

刑事裁判の特徴は？

さて、刑事裁判からみていきましょう。刑事裁判は、一言でいえば「**有罪か無罪かを判断し、有罪の場合には量刑（刑罰）を決める手続**」です。

刑事裁判をスタートするのは、原則として検察官です。「公《おおやけ》の代表者」である検察官が、罪を犯したと疑われる被疑者を「**被告人**」として、裁判所に「**起訴**」します。

裁判所は、「起訴状」に記載された「公訴《こうそ》事実」があるかどうかを、これについて立証責任を負う検察官によって提出された「証拠」を吟味して（防御するために、弁護人から提出された証拠ももちろんみます）、有罪か無罪かを判断します。その際には「法的三段論法」を使い、「事実認定」を行い、これに「法解釈」をして定立した「法規範（規範）」を「あてはめる」ことで、「結論」を下します。敗訴した当事者が判決に不服があれば、原則として「**控訴**」「**上告**」ができます。上告審までいく例は少ないですが、最高裁判決が下されると、それは「判例」として「先例」になります。

刑事裁判を定めた法律は「刑事訴訟法」です。刑事訴訟法は六法の1つで、**刑法を適用するための「手続」を定めた「手続法」になります。**略して「**刑訴**《けいそ》」「**刑訴法**《けいそほう》」と法律家からは呼ばれています。

民事裁判の特徴は？

次に、民事裁判です。民事裁判は、一言でいえば、**「私人間の紛争を解決する裁判」**です。**「訴えなければ裁判なし」（不告不理《ふこくふり》の原則）**から、私人である「原告」の存在があって、はじめて開始します。原告が、ある人に対して、何かの請求をする「**訴状**《そじょう》」を裁判所に提出すると、そのある人は「**被告**」になります。刑事裁判では「被告人」ですが、民事裁判では「被告」です。**「被告」は、だれでもなる可能性があります。**いわれのない訴訟であっても、**だれかがだれかを訴えれば、それだけで（訴えられた人は）「被告」になるからです。**

民事裁判では、当事者がお互いに譲歩して「じゃあ、このへんで」と「**和解**」をする場合があります。全勝ち、全負けではない中間的な解決です。請求額を7割に下げる和解もありますが、支払方法を分割にするなどの対応もできます。「裁判上の和解」が成立すると、裁判は終了します。

民事裁判での裁判官は、刑事裁判の裁判官と違い、**「和解」で終われば「判決」を書く必要はありません。**判決となれば、法的三論法を駆使して「法解釈」と「事実認定」を行い、前者により定立された「法規範」に後者によりなされた「認定事実」を「あてはめ」て、「結論」を導く必要があります。これを「判決文」として文章で書き尽くすのは、大変な作業です。刑事裁判と異なり、犯罪が起きて検察官が起訴してはじめて起きる裁判よりも、だれでも起こせば裁判が開始する民事裁判は、その数も多いです。

全国で最も裁判の数が多く、裁判所の合議体（裁判部）の数が多い**「東京地裁」では、刑事部は18部ありますが、民事部は51部もあります。**それぞれの部に、3人の合議体を形成できるに足る裁判官が配属されています。

そのため、民事部の裁判官は、当事者によく和解を勧めます。しかし「和解」で終えることができないと、裁判官は「判決」を書きます。この判決も、敗訴した当事者によって「控訴」の対象になり、控訴審の判決も同じく「上告」の対象になります。

上告事件の件数を絞るための裁量上告制度がありますが、その要件（上告理由または上告受理申立て理由）を満たした貴重な数の事件のみが上告審（最高裁）で判断されます。これは「判例」として、後の事件の「先例」になります。

民事裁判を定めた法律は「民事訴訟法」です。六法の1つでもある「民事訴訟法」は、略して、「**民訴**《みんそ》」「**民訴法**《みんそほう》」と呼ばれています。

「刑事裁判」と「民事裁判」の両方が行われるケース

このように、**「有罪か無罪か」を判断し、有罪の場合に「量刑」を判断し「刑罰」を宣告す**

る刑事裁判と、**原告が被告に求めた請求が認められるかどうかを判断する民事裁判**は、「裁判」といっても、異なる内容を判断するものです。

そこで、社会的には1つの事象（事例）であっても、刑事裁判と民事裁判の両方が行われる場合もあります。たとえば、交通事故が起きた場合、事故を起こした者は「被告人」として、「検察官」から起訴されれば、「刑事裁判」が始まります。これとは別に、被害者から「損害賠償金を支払え」という訴えが提起されれば、「民事裁判」が始まります。

この場合、さきほど述べた東京地裁の裁判部の話にあったように、刑事部と民事部は別にあります。したがって、同じ交通事故の裁判であっても、刑事裁判と民事裁判は、別の裁判部に係属することになり、別の裁判官が担当することになります。

ひとくちに裁判といっても、「刑事裁判か、民事裁判か」で、異なる見方を法律家はします。刑事裁判は犯罪を確定させるために短期間で判決が出ますが、民事裁判は時間がかかることも多いです。

本書では「税法」の裁判もケースなどで扱いましたが、これらは課税庁（国）との裁判でした。このように、**国や地方公共団体などの行政機関を相手にする裁判は「行政訴訟」といいます**。もっとも、「刑事裁判か、民事裁判か」といえば、「民事裁判」の1つです。

行政訴訟は、課税処分の適法性などが審理されるもので、「有罪か、無罪か」という刑事罰

広義と狭義の民事裁判

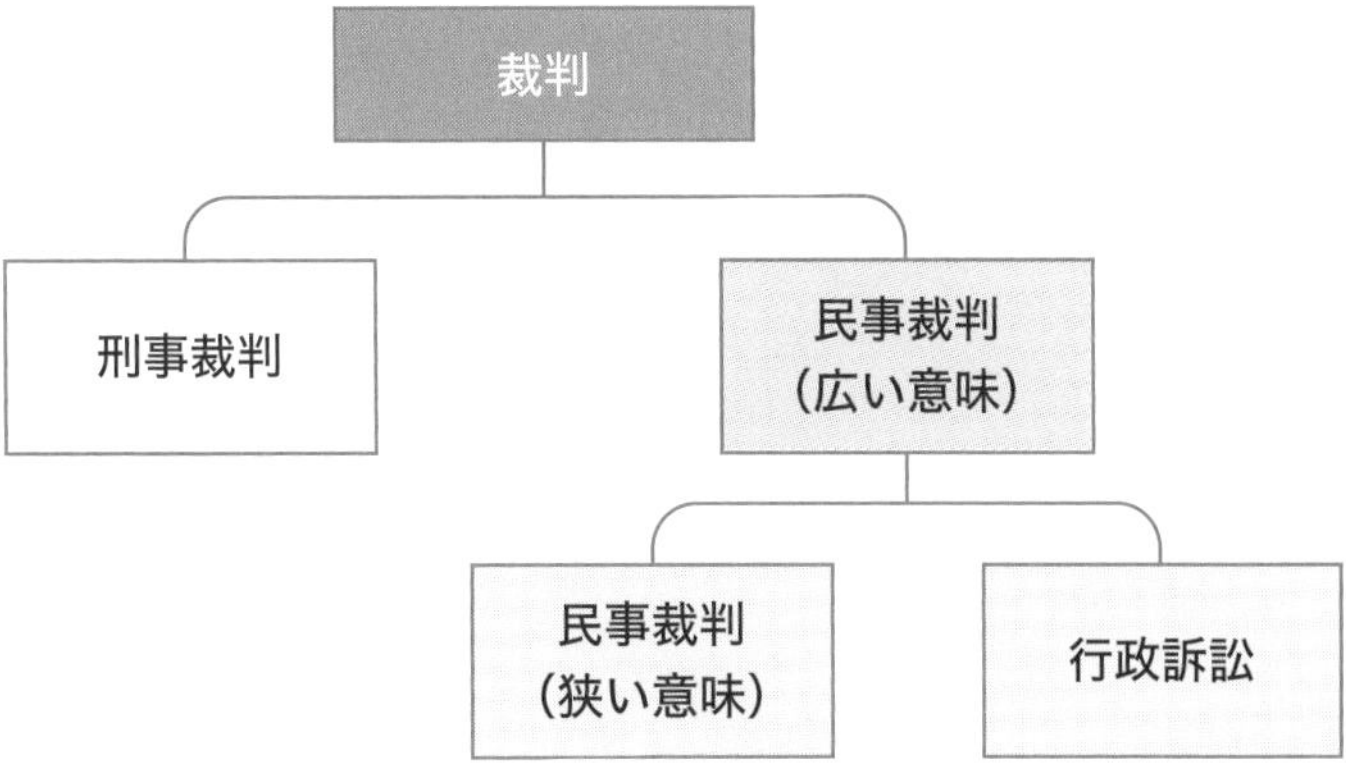

の適用を判断する裁判ではないからです。適用される手続の法律も「民事訴訟法」になります。

ただ、行政訴訟の場合には、特殊な仕組みも適用されるため、その限度で**「行政事件訴訟法」**という法律も適用されます。**「行政事件訴訟法」は、「民事訴訟法」の「特別法」になります。**

国と裁判で戦うためには、さまざまな手続が定められています。行政訴訟は、こうした点から、私人同士の民事訴訟よりも難解で、勝つことにも高いハードルがあります。課税を争う税務訴訟も長い道のりで、本書の判例にたどり着いています。

BUKININARU

2

判例か、裁判例か

最高裁以外の判決は「先例」になるのか？

最高裁の判決は、「判例」として「先例」になるといいました。そうすると、次のような疑問がわくかもしれません。

「地裁や高裁の『判決』は、『先例』にはならないのでしょうか？」

結論からいうと、**「先例」としての「拘束力」が生じるのは、「最高裁の判断」に限られます。**

地裁や高裁などの下級審の下した判決は、「先例」としての「拘束力」は生じません。

これは、前にも述べたように、ある条文の規定の「法解釈」について、下級審の裁判所の判断が分かれることがあるなかで、これを「司法府の判断」として「統一」する役割が最高裁にあることに関係します。

最高裁で下された「法解釈」、つまりは、「6つのステップ」（第1章参照）にいう「要件」や「判断基準」は、後の「類似事例」において、裁判所を事実上拘束します。

これを「**先例の事実上の拘束力**」といいます。前に少し触れましたが、最高裁の判断はあくまでその事例を解決するために示された「判決」（前節に述べたように、本章では「決定」も含んで使います）に過ぎず、「法律」ではありません。

「過去の最高裁の判決」を変更するには？

この点で、国民や裁判官に対する法的拘束力はありません。憲法には、裁判所が拘束されるのは、「憲法」と「法律」であり、「良心」にしたがって判断すべきと規定されています。

> 日本国憲法76条3項
> すべて裁判官は、その良心に従ひ独立してその職権を行ひ、この憲法及び法律にのみ拘束される。

ここに「判例」は挙げられていません。それにもかかわらず、最高裁の下した「判例」には、事実上、他の裁判所を拘束する力が生まれます。

これは、最高裁の判断の仕組みと関係しています。それは、**過去の最高裁の判断を変える場合には、「判例変更の手続」が必要になる点**にあります。

非嫡出子違憲判断（序章参照）では、過去の「合憲判断」（最高裁平成7年決定）が「判例変更」され、「違憲判断」に変わっていました（最高裁平成25年決定）。

これは異例のことです。最高裁の裁判官15人全員で構成される「大法廷」で多数の賛成を得ないと、判例変更はできないからです。また、判例変更はめったにされるものではなく、先例である「判例」に対して批判が強くある場合や、国際情勢などの時代の大きな変化が生じたような場合など、変更の必要があるときに、「大法廷」に回付されます。

そして、下級審の裁判官は「憲法」でも「法律」でもない「判例」に法的には拘束されないため、過去の最高裁の「判例」があっても、これとは異なる「法解釈」をすることもできます。

しかし、その場合には、敗訴した当事者は控訴するでしょう。

こうして、上告審までいけば、最高裁は（異例な措置である判例変更をしない限り）、ほぼ確実に「判例」どおりの「法解釈」に正します。そうすると、下級審の裁判官が、仮に過去の判例（先例）に反対であるとしても、この裁判制度の仕組みのなかでは「判例」が最終的に勝つことが明確なので、事実上「判例」に従った法解釈をすることになるのです。

余談になりますが、**裁判官は「上をみる」とよくいわれます。「上」とは、地裁の裁判官にとっては「控訴審（高裁）」であり、「上告審（最高裁）」です。**ここには、自分の書いた判決が控訴され、上告されたときにどうなるかという意味があります。これに加えて、「上」の最上位である「最高裁」という意味では、過去の「判例」をひも解き、予測することをも意味します。裁判官は「最高裁」のことを「最高」と略して呼んでいます。

この点で、**「判例」には法的拘束力はないものの、事実上の拘束力がある**と解されています。そして、これらの「判例」の法解釈は、たとえば、これまでみたものでも、次のように「参照」される形で使われていました（最高裁平成25年9月4日大法廷決定・民集67巻6号1320頁）。

本書では引用していなかった部分ですが、かっこ書に、過去の最高裁の「判例」が2つ「参照」されています（傍線部分参照）。ちなみに、2つ目の「最高裁昭和48年判決」は、序章で紹介した「尊属殺人違憲判決」です。この判決も、法律が「法の下の平等」に違反するかどうか、という点では同じ「法文」（憲法14条1項）の解釈が問題になっていたからです。

「憲法14条1項は、法の下の平等を定めており、この規定が、事柄の性質に応じた合理的な根拠に基づくものでない限り、法的な差別的取扱いを禁止する趣旨のものであると解すべきことは、当裁判所の判例とするところである（最高裁昭和37年（オ）第1472号同39年5月27

判例と裁判例

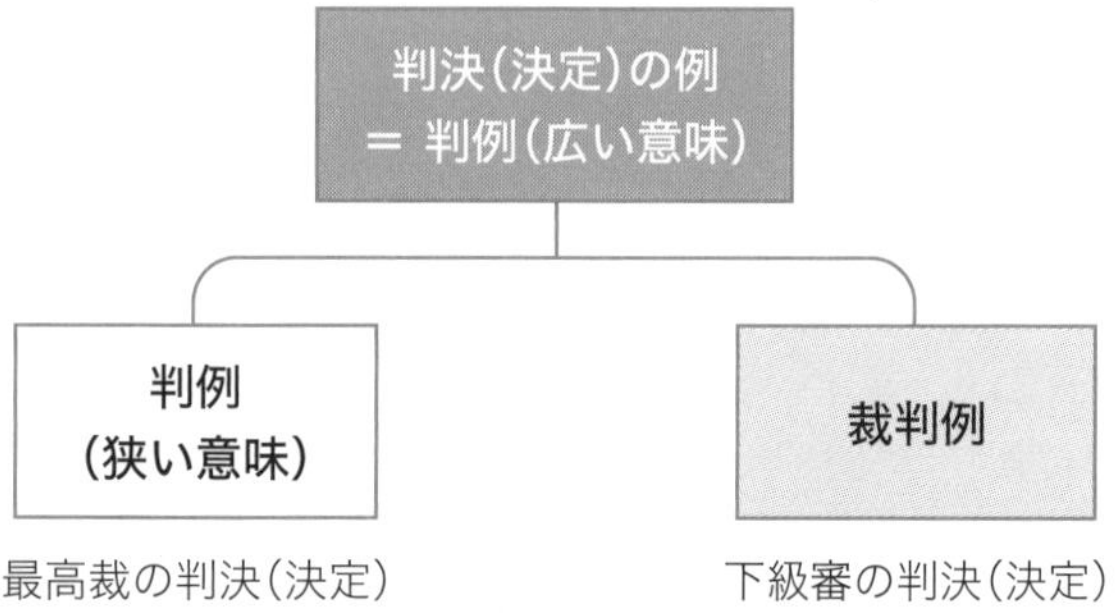

日大法廷判決・民集18巻4号676頁、最高裁昭和45年（あ）第1310号同48年4月4日大法廷判決・刑集27巻3号265頁等）。〔傍線は筆者〕」

さて、こうした「先例」としての「事実上の拘束力」が生じるのは、あくまで、「司法府としての統一判断」をすることができる最高裁の判断（判決・決定）に限られます。この点で、**最高裁の判断を「判例《はんれい》」と呼び、下級審の判断は「裁判例《さいばんれい》」と呼び、区別することがあります。**

判決の例という意味では、最高裁でも、高裁でも、地裁でも「判例」ではあるのですが（広い意味の判例）、先例としての事実上の拘束力が及ぶのは「最高裁」に限られます。この先例性の有無の区別から、下級審の判断は「裁判例」とあえて呼ぶ場合がある、ということです。

以上の点から、**法律家は、事件に取り組むときには、過去の判決例としての「判例」を広く調べます。**そして、**最高裁の「判例」があれば、これを前提に考える「戦略」をとるのが原則**です（ただし、後述のように「射程」の問題はあります）。

たとえば、所得税法上の「住所」が争われた裁判例では、「贈与税回避事件」（第1章のケース②）で示された最高裁判例の「住所」の法解釈が参照されていました（第4章参照）。よくみてみると、次の判決文のかっこのなかで（傍線部分参照）、「判例」としての「参照」がなされています（東京地裁令和元年5月30日判決・金融・商事判例1574号16頁）。

「……『住所』とは、生活の本拠、すなわち、その者の生活に最も関係の深い一般的生活、全生活の中心を指すものであり、一定の場所がある者の住所であるか否かは、客観的に生活の本拠たる実体を具備しているか否かにより決すべきものと解するのが相当である（最高裁平成20年（行ヒ）第139号同23年2月18日第二小法廷判決・裁判集民事236号71頁参照）。（傍線は筆者）」

これに対して、**最高裁の「判例」がない場合でも、地裁や高裁の下級審の「裁判例」に参照になるものがあれば、これを活用する「戦略」をとります。**

たとえば、同族会社必要経費事件（第1章参照）では、必要経費の最高裁判例がないため、直接参照される判例がないなかで必要経費の要件と判断基準が定立されていました。この点で、この裁判例は、その後の必要経費が争われる裁判が起きたときには、判決で直接「参照」されることはありませんが、1つの「参考」にはなるでしょう。

法律家は、裁判官も弁護士も検察官も、そして法学者も、過去のすべての判例・裁判例があたまのなかにあるわけではありません（そもそも、日々あたらしい判例・裁判例は出続けています）。事件に取り組むつど、データベースなどを使い、判例・裁判例を調べます。

データベースはさまざまありますが、有料契約になっており、法律を使う団体ごとに契約をしているのが通常です（裁判所、法律事務所、大学、法科大学院など）。**「判例秘書」「LEX DB」「Westlaw Japan」がよく使われる「判例」を検索できるデータベース**です。

そして、その事件に「使える」判例・裁判例をみつけ出すのです。そのうえで、「主張と反論」で述べたような（第2章）、法解釈の主張（法律上の主張）をする際に、これを参考にします。

もっとも、ひとえに「判例」といっても、最高裁の判決文（決定文も含む）のうち、どの部分を重点的に読むべきか、使うべきかを考える必要があります。また、その「判例」は、そもそも、どのような位置づけにあるのかも考える必要があります。

この点で、調べて発見した「判例」について、それは「法理判例」か「事例判例」かという二分法を使うことになります。この点は、次節でみることにします。

BUKININARU

3

法理判例か、事例判例か

判例は2種類ある

最高裁の「判例」には、先例としての「事実上の拘束力」が生じるといいました。

といっても、判決は「最高裁」であっても、その事例で生じた個別の紛争を解決するためにあります（判決の個別性）。

そのなかで、**他の事例にも「参照」されるような「先例」になり得る部分は、どこにあるのかを検討すること**が、次に必要になります。

たとえば、最高裁判決でも、控訴審までの事実審が認定した「事実の概要」が記載されますが、これは他の事件には関係のない部分になります。

それにもかかわらず、「事実の概要」が最高裁判決でも言及されるのは、次節でみる、「**判例**

の射程」を考えるためには、どのような事例で下された判断かをみる必要があるからです。この「射程」とは、カバーできる範囲のことです。

さて、最高裁「判例」にも、じつは、2種類あります。

1つが「**法理判例**」といわれるもので、**ある条文の解釈を一般的に示した判断があるもの**です。これは、まさに、さきほどの憲法14条1項が定める「法の下の平等」の解釈であるとか、税法が定める「住所」の解釈のように、同じ条文の適用が争われたときには、一般的に参照されるべきものになります。その規定の解釈を一般的に明らかにしているため、汎用性の高い「重要な判断」になります。

これに対して、「**事例判例**」と呼ばれるものもあります。これは、**あくまでその事例についての結論が示されたもの**です。その事例とほぼ同じである限りは「重要」な最高裁の先例といえますが、事例が変わっ

判例の種類

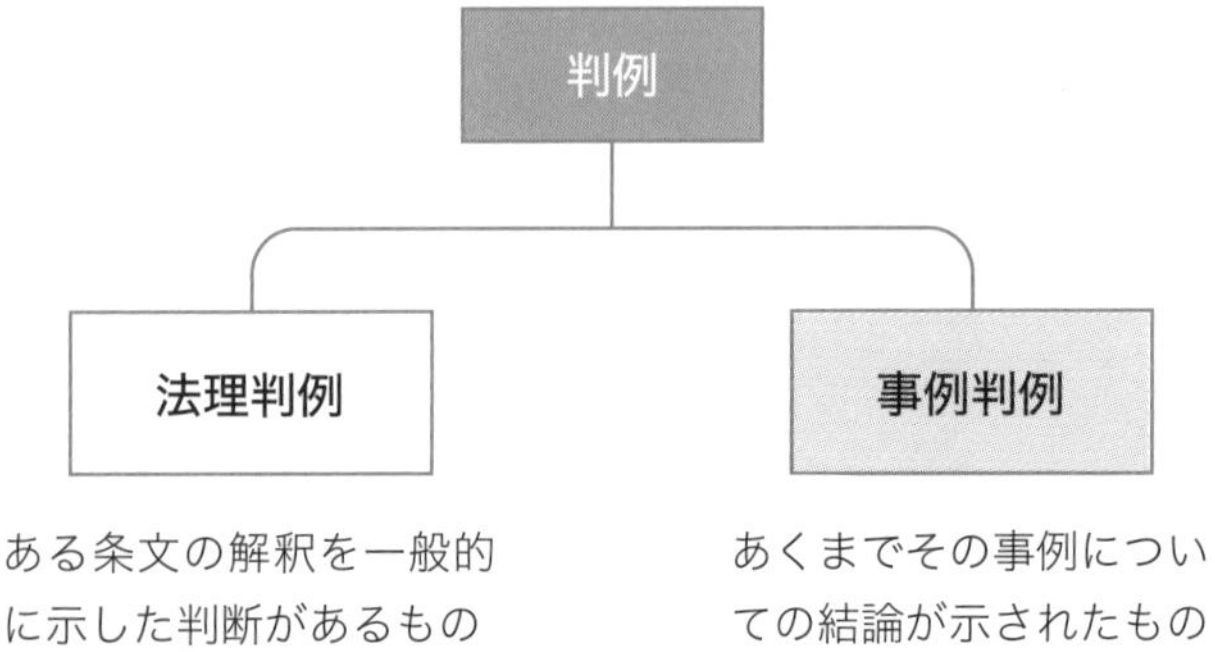

てしまえば、一般的にある条文の法解釈をしているわけではないため、参照されるほどではないことになります。

もっとも、「事例判例」といっても、実際にはわざわざ最高裁が事件をとりあげて「判決」を下したものです。裁量上告制度の下では、多くの上告された事件は、簡易な手続で「棄却」されたり「不受理」となり、「判決」の言い渡しまでされません。

それでもあえてそのプロセスを経て最高裁が「判決」を下したことには、先例としての意味合いがあるからです。この点で、**「事例判例」であっても、やはり、何らかのかたちで、後の類似事例では参照されることになります。**

こう考えると「法理判例」なのか、「事例判例」なのかは、相対的なものに過ぎず、判例として重要になり得る点では、同じであるともいえます。

しかし、**一般的には「法理判例」をしたといわれる判例が、やはりある条文の解釈を示したものとして、重要な扱いを受けます。**

判例は、後の裁判の議論によって位置づけが明確になる

こうした「判例」に対する評価には、正解が1つとは決まっていません。実際には、他の裁

判のなかで、過去の「判例」の意味が議論されることで、その「判例」の位置づけは明確になり、かたまっていきます。

判例は、後の裁判で繰り返し「議論」されることで、より輪郭がくっきりするものなのです。

この点で、さきほどみた憲法14条１項の最高裁判例が、本書でみただけでも繰り返し使われていた点や、住所の判例も詳細な判断基準は最高裁判例にはなくても、これを参照した裁判例が具体的に示していた点などには、そのような意味を読み取ることができます。

後者の裁判例を、ここで再掲《さいけい》しておきます。特に、ここでは「最高裁平成23年判決」（贈与税回避事件）の「参照」のあとに述べられている傍線部分に注目です（東京地裁令和元年５月30日判決・金融・商事判例１５７４号16頁）。

「……『住所』とは、生活の本拠、すなわち、その者の生活に最も関係の深い一般的生活、全生活の中心を指すものであり、一定の場所がある者の住所であるか否かは、客観的に生活の本拠たる実体を具備しているか否かにより決すべきものと解するのが相当である（最高裁平成20年（行ヒ）第１３９号同23年２月18日第二小法廷判決・裁判集民事２３６号71頁参照）。そして、客観的に生活の本拠たる実体を具備しているか否かは、滞在日数、住居、職業、生計を一にする配偶者その他の親族の居所、資産の所在等を総合的に考慮して判断するのが相当である。（傍線は筆者）」

「調査官解説」とは？

なお、少し専門的な話になりますが、判例が「法理判例」なのか「事例判例」なのかを知る手がかりを得るために、法律家は「**調査官解説**」を必ず読みます。

最高裁判例のうちでも、特に先例性が高いと判断されると、民事裁判であれば「**民集**」、刑事裁判であれば「**刑集**」という最高裁の公式判例集に登載されます。これらは「最高裁判所民事判例集」「最高裁判所刑事判例集」という判例集の略称です。本書でも、引用判決の表記には、その判決が登載された判例集として「民集」「刑集」という表記をしています。

これは、毎年、その年に下された最高裁の判断のなかでも、**特に先例性が高いと考えられるものを、最高裁の裁判官などで構成される委員会（判例委員会）で選ばれることで、登載が決まるもの**です。

そして、民集や刑集に掲載された「判例」には、その最高裁での審理を担当した「調査官（最高裁判所調査官）」が、詳細な解説をした「**判例解説**」と呼ばれる論文を後に公表します。法律家は、これを略して「**判解**」と表記します。本書の参考文献でもいくつか挙げてきました。

調査官は、裁判官のなかでも優秀なエリートが、一定の期間のみ最高裁に出向いて、上告された事件の「法令の立法経緯」や「学説」、「過去の判例・裁判例」などを調査する仕事です。

調査官解説は、あくまでその担当調査官の「私的見解」なのですが、実際には裁判官はこれを熟読しており、判例のネタ本的な意味合いがあり、重宝されます。

法律家はもちろん、法学を学ぶ大学生も、ゼミなどで「判例研究」をする際には、この「調査官解説」も読んで発表（報告）をします。ただ、本書は専門的な「法律書」ではないので、そのようなものがあるという情報でとどめることにします。

ここで重要なのは、次の2点です。

第1に、**「先例」としての最高裁判例には、判決文が作成される過程でも、調査官の徹底した調査が下敷きにあること**です。

第2に、**判決が下されたあとも、その調査のあとをまとめた「調査官解説」もあわせて読まれることで、その後もさまざまな裁判が起きるたびに「議論」され続けること**です。

法学における「判例」には、このようにひも解かれることで「意味」があらわれる、というバイブルのような役割があるのです。

BUKININARU

4

法廷意見か、少数意見か

「最高裁判決」と「下級審判決」の大きな違い

最高裁判決は、下級審の判決と大きく違う点があります。先例としての拘束力だけではありません。**判決文に、多数意見だけでなく、少数意見も記載される点**です。

地裁の場合、「**単独制**」といって1人の裁判官で審理・判決がされる場合と、「**合議制**」といって3人の裁判官で審理・判決がされる場合があります。その区別は「裁判所法」で定められており、一定の重要事件は「合議制」になります。

高裁の場合は、常に「合議制」がとられ、3人の裁判官で審理され、判決が下されます。

そうすると、合議制の場合には、3人の裁判官の名前で1つの判決が下されることになりま

最高裁の裁判官の見解

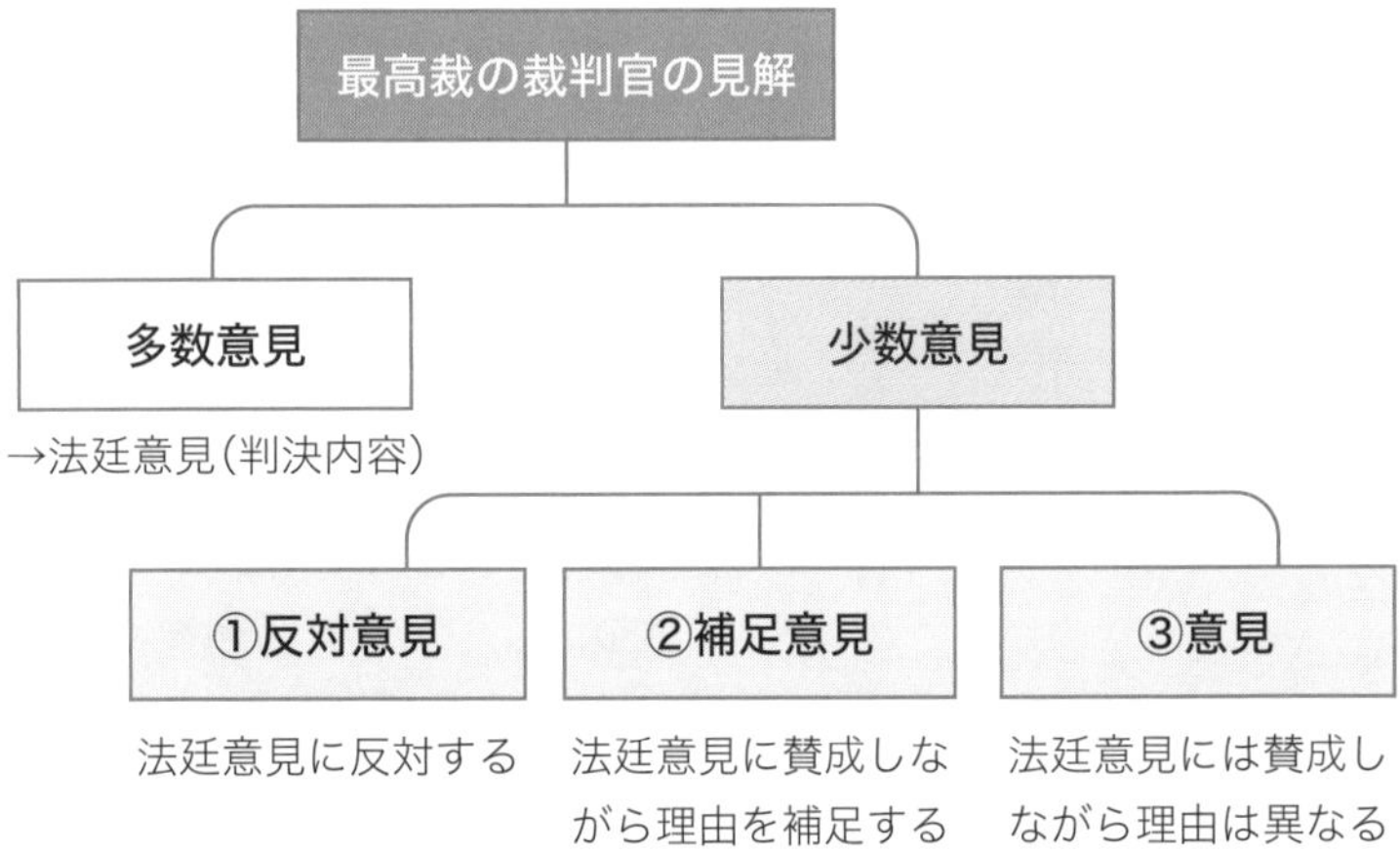

最高裁の裁判官の見解
多数意見
少数意見
→法廷意見（判決内容）
①反対意見
②補足意見
③意見
法廷意見に反対する
法廷意見に賛成しながら理由を補足する
法廷意見には賛成しながら理由は異なる

す。しかし、下級審では、「いや、わたしは反対だった」といった「少数意見」は示されません。地裁・高裁では、全員で議論して「1つの結論」にたどり着いた、という体裁をとっているからです。

これに対して、最高裁では、「判決文」（決定文も含む）のなかに、法廷意見（多数意見）とは別に、少数意見も示されます。

少数意見とは、1人ひとりの裁判官の意見です。

具体的には、①法廷意見（判決の結論）に反対する「**反対意見**」、②法廷意見（判決の結論）に賛成しながら理由を補足する「**補足意見**」、③法廷意見（判決の結論）に賛成しながら異なる理由を述べる「**意見**」の3種類があります。

結論に「賛成・反対」だけでなく、法学で

は「理由」についてもさまざまな考え方がある、ということです。

2つの判決における「少数意見」

尊属殺人違憲判決（序章参照）などでは、多数の裁判官が長文でさまざまな少数意見を述べていました。また、贈与税回避事件（第1章のケース①）では、反対意見はありませんでしたが、租税回避はよくないとしながらも、租税法律主義を守るしかないという苦渋の心情が吐露された「補足意見」がありました。

次のようなものです。少し長めになりますが、それでも、もっと長く述べられた2人の裁判官の少数意見のごく一部分になります。

まず、尊属殺人違憲判決で述べられた、ある裁判官の「意見」です。

「私は、本判決が、尊属殺人に関する刑法200条を違憲無効であるとして、同条を適用した原判決を破棄し、普通殺人に関する刑法199条を適用して被告人を懲役2年6月に処し、3年間刑の執行を猶予した、その結論には賛成であるが、多数意見が刑法200条を違憲無効であるとした理由には同調することができない。すなわち、多数意見は、要するに、刑法200条において普通殺人と区別して尊属殺人に関する特別の罪を定め、その刑を加重すること自体は、ただちに違憲とはいえないとし、ただ、その刑の加重の程度があまりにも厳しい点において、同条は、憲法14条1項に違反するというのである。これに対して、**私は、普通殺人と区別して尊属殺人に関する規定を設け、尊属殺人なるがゆえに差別的取扱いを認めること自体が、法の下の平等を定めた憲法14条1項に違反するものと解すべきであると考える。**（傍線は筆者）」（田中二郎裁判官の「意見」最高裁昭和48年4月4日大法廷判決・刑集27巻3号265頁）

次に、贈与税回避事件（第1章ケース①）で述べられた、ある裁判官の「補足意見」です。

「私は法廷意見に賛成するものであるが、原審が指摘している贈与税回避の観点を踏まえつつ、上告人の住所の所在について、以下のとおり補足しておきたい。

……**一般的な法形式で直截に本件会社株式を贈与すれば課税されるのに、本件贈与税回避スキームを用い、オランダ法人を器とし、同スキームが成るまでに暫定的に住所を香港に移しておくという人為的な組合せを実施すれば課税されないというのは、**親子間での財産支配の無償の移転という意味において両者で経済的実質に有意な差異がないと思われることに照らすと、**著しい不公平感を免れない。**国外に暫定的に滞在しただけといってよい日本国籍の上告人は、無償で1653億円もの莫大な経済的価値を親から承継し、しかもその経済的価値は実質的に本件会社の国内での無数の消費者を相手方とする金銭消費貸借契約上の利息収入によって稼得した巨額な富の化体したものともいえるから、最適な担税力が備わっているということもでき、我が国における富の再分配などの要請の観点からしても、なおさらその感を深くする。**一般的な法感情の観点から結論だけをみる限りでは、違和感も生じないではない。しかし、そうであるからといって、個別否認規定がないにもかかわらず、この租税回避スキームを否認することには、やはり大きな困難を覚えざるを得ない。**けだし、憲法30条は、国民は法律の定めるところによってのみ納税の義務を負うと規定し、同法84条は、課税の要件は法律に定められなければならないことを規定する。納税は国民に義務を課するものであるところからして、この**租税法律主義の下で課税要件は明確なものでなければならず、これを規定する条文は厳格な解釈が要求されるのである。**明確な根拠が認められないのに、安易に拡張解釈、類推解釈、権利濫用法理の適用などの特別の法解釈や特別の事実認定を行って、租税回避の否認をして課税することは許されないというべきである。そして、**厳格な法条の解釈が求められる以上、解釈論にはおのずから限界があり、法解釈によっては不当な結論が不可避であるならば、立法によって解決を図るのが筋であって**（現に、その後、平成12年の租税特別措置法の改正によって立法で決着が付けられた。）、**裁判所としては、立法の領域にまで踏み込むことはできない。**後年の新たな立法を遡及して適用して不利な義務を課すことも許されない。**結局、租税法律主義という憲法上の要請の下、法廷意見の結論は、一般的な法感情の観点からは少なからざる違和感も生じ**

ないではないけれども、やむを得ないところである。〔傍線は筆者〕」〔須藤正彦裁判官の「補足意見」最高裁平成23年2月18日第二小法廷判決・判タ1345号115頁〕

「弱い判例」と「強い判例」

このような少数意見からは、1つの事件についても、さまざまな考え方があることを知ることができます。参考になると同時に、「法律論」のむずかしさも感じるでしょう。

しかし、そのむずかしさは、もともと「法的三段論法」の「6つのステップ」で指摘したように、同じ「事実」に、同じ条文の適用が問題になる場合でも、「法解釈」について、裁判官の価値判断があらわれる「法の解釈適用」にもともと含まれている問題です。

なかには、**5人の裁判官で審理された「最高裁の小法廷」の判決で、3対2の僅差《きんさ》で「多数意見」としての「法廷意見」（＝判決の結論）が形成されるものもあります。**このような場合、裁判官の構成が変われば、判断が変わった可能性もあります。

そこで、こうした反対意見の多かった最高裁判決は、後に「判例変更」の可能性もあり得るものとして「**弱い判例**」と呼ばれることがあります。

非嫡出子違憲判断も「判例変更」によっていますが、反対意見もある最高裁の判断が続いており、いわば「弱い判例」になっていたものでした。

弱い判例と強い判例

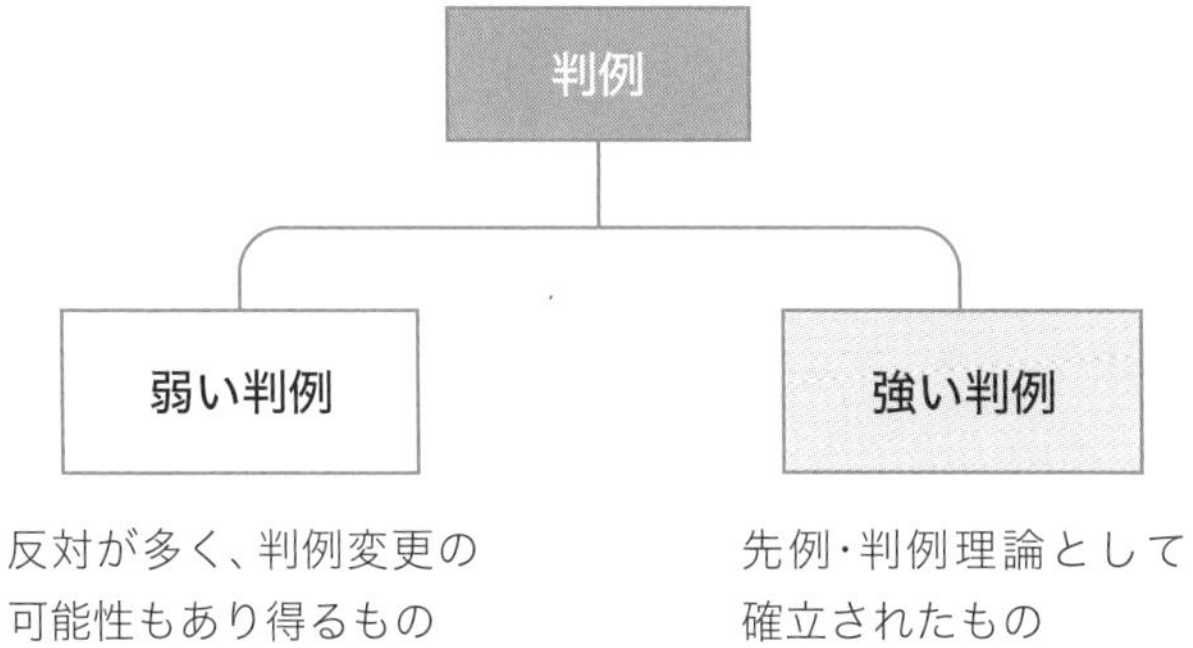

逆に、繰り返し「先例」として参照され「判例理論」として確立されたものを「**強い判例**」といいます。判例変更される可能性が少ないものです。

現実に「判例変更」を求めることは、憲法問題で「反対意見」もある「合憲判決」の変更を求めるような場合でないとなかなかむずかしいですが、最高裁の過去の「判例」をひも解いたときに「不利」なものがある場合でも、その「不利な最高裁判例」に、果たしてどこまで「事実上の拘束力」が及ぶのか、という問題は起きます。

裁判の代理人をする弁護士などは、こうした「**判例の射程**」の問題にも目配《めくば》りしながら、裁判を戦います。

次節で、具体的にみてみましょう。

BUKININARU

5

射程内か、射程外か

判例の「射程内か、射程外か」という議論が、法律家が「判例」をみるときになされます。

過去の判例をひも解いたときに、類似事例で最高裁の「判例」があるといっても、その判例が前提とした「事実」と異なる「事実」となれば、その「判例」の考え方をそのまま適用できるかどうかは、議論しなければならなくなるからです。

この点で、**自分に「有利な判例」がみつかったとしても、裁判になれば相手は「判例の射程外である」という主張をする可能性があります**。

逆に、「不利な判例」をみつけたときには、相手は裁判でその「判例」を「参照」してくるはずです。判決でそのまま「参照」されると、不利な判断になってしまいます。

こういうときには、**その「判例」の「事実」を分析します**。そして、似ている部分もあるかもしれないけれど、実際には「異なる事例」であることを論証していくことになります。そして、**本件は判例とは「異なる事例」なので、その射程は及ばない（射程外である）という主張をする**のです。もちろん、これは「法解釈」にかかわるものですから、「法律上の主張」で、裁判所を拘束しません。裁判所は裁判所で、当事者の「判例の射程」についての主張を参考にしながらも、みずからの法解釈を示すことができます。

税法における「射程内か、射程外か」の議論

最近では、「税法」の裁判で、競馬によって得た所得が「雑所得」にあたり、外れ馬券の購入代金も経費として引けるという判決がありました（最高裁平成27年3月10日第三小法廷判決・刑集69巻2号434頁）。

所得税には10種類の所得があるのですが、所得の種類によって税金が変わるので争いがよく起きます。雑所得は、他の9種類のどの所得にもあたらないものです。

競馬所得は、通常は「偶発的な所得」なので、「一時所得」にあたると解されています。一時的・偶発的な所得のことです。そして、一時所得の場合には2分の1しか課税されないので、納税者に一般には有利なのですが、直接要した費用しか所得金額を計算する際に控除できません。そのため、収入に直接ひもづかない外れ馬券の購入代金を所得金額は計算する際に控除することができなくなるのです。

ところが、最高裁平成27年判決（大阪競馬事件）の事例は、自動購入ソフトを利用して毎回競馬の馬券をほぼ大量に購入し続けて、大量の外れ馬券の購入もしながら、当たり馬券によって生じる利益を目的とする「特殊な事例」でした。

最高裁平成27年判決は、この特殊な事例では、もはや偶発的な所得としての一時所得とはいえず、この事例では「網羅的な購入」などがあるので、例外的に「雑所得」にあたると判断しました。雑所得の場合は、必要経費が控除できるので、直接費用だけでなく間接費用も控除できます。それで外れ馬券の購入代金も、控除できるとされたのです。

しかし、その判決の直後に、この大阪競馬事件と同じくらいの購入を行い多額の利益を得た別の事例（札幌競馬事件）の地裁判決が下されます。そこでは、最高裁平成27年判決の事例と異なり、自動購入ソフトを利用せず、自分で毎回判断していたから「網羅的な購入」とはいえず、射程外であるという判断がなされました（東京地裁平成27年5月14日判決・判時２３１９号14頁）。具体的には、次のような指摘がなされていました。

「別件最高裁判決がその理由中で説示するとおり、営利を目的とする継続的行為から生じた所得であるか否かは、行為の期間、回数、頻度その他の態様、利益発生の規模、期間その他の状況等の事情を総合考慮して判断するものであるから、これらの事情が異なれば結論が異なるのが当然であるところ、原告は、別件当事者と同等以上の金額の馬券を購入し、同等以上の利益を得ていたものの、原告の具体的な馬券の購入履歴等が保存されていないため、原告が具体的にどのように馬券を購入していたかは明らかでなく、原告が別件当事者のように馬券を機械的、網羅的に購入していたとまでは認めることができないという本件の事実関係及び証拠関係の下では、原告による一連の馬券の購入が一体の経済的活動の実態を有するとまでは認めることができず、本件競馬所得が営利を目的とする継続的行為から生じた所得には該当するものということはできない。〔傍線は筆者〕」

こうして、札幌競馬事件の第1審では、大阪競馬事件の最高裁判例と異なり、原則どおり、一時所得となり外れ馬券の購入代金は控除できないと判断されたのです。

しかし、控訴審では判決が逆転します。そこでは、自動購入ソフトは使っていないけれど、最高裁平成27年判決の基準に照らせば、やはり本件も例外的に雑所得にあたるとしたのです。こうして、外れ馬券の購入代金の控除を認める判断が最高裁でもなされました（最高裁平成29年12月15日第二小法廷判決・民集71巻10号2235頁）。

競馬所得は、ほかにもさまざまな裁判が起きているのですが、ここでも**「特殊な事例」について「例外」的な判断がされた「最高裁判例」の射程がどこまで及ぶかが、その後の裁判で検討され続けています**。

判例の射程内と射程外

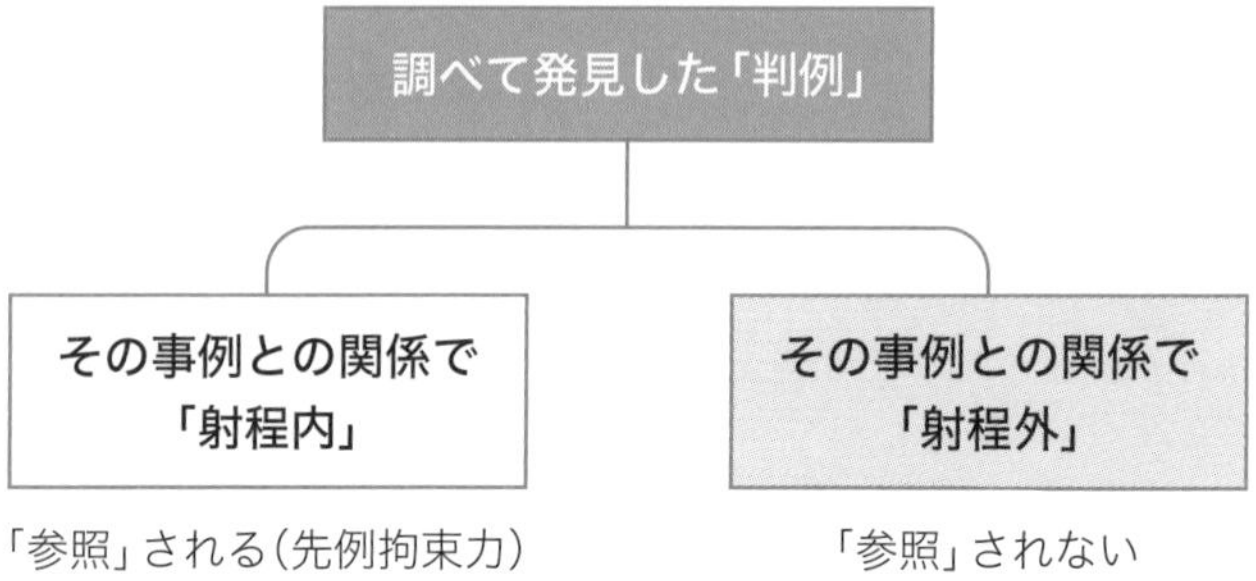

以上のとおり、判例を発見したとしても、「射程内か、射程外か」という議論が残されています。

法律家は、先例としての「判例」ですら、詳細な検討を行った「主張と反論」をぶつけ、正しい判断は何であるかを探ることになります。

日常生活に戻して考えると、あなたの**会社や所属団体で何か問題が起きたときには、過去の取扱いがどうであったかをひも解くことが重要**です。そのときに、**先例が発見されれば、次にそれをどう使うかが問題になるでしょう。**

先例を発見することで満足、あるいは落胆せず、その先例がどのような事例であったかの検証もしたうえで、いまある問題と同じといえるのかどうかを検討してみましょう。

こうした活用をすれば、「射程内か、射程外か」は、日常でも使える二分法になるはずです。

BUKININARU

第6章 まとめ

第6章では、法律家は「判決」に何をみているのかに迫るため、もう1つの二分法の視点として「裁判編」を解説しました。「裁判編」は、文字どおり「裁判」であらわれる二分法です。判例の読み方、使い方についてでしたので、直接は日常生活では関係がないと思われた部分もあったかもしれません。

また、少しむずかしめのテクニカルな議論もあったかもしれません。

ただ、最高裁の判断が「先例」になるかどうか、「先例」になる部分はどこか、その「先例」は別の事例でもそのまま使えるのかなどの議論は、組織のなかにある「過去の取扱い」を参照しながら検討する際などにも、活かせる視点になると思います。

また、そこまで使う場面はすぐにはないとしても、法律家がよく口にする「判例」とは、どのような意味があり、どうして重要になるのかが体感できたのではないでしょうか。

本書も、そろそろ終盤に近づきました。次章では、「法解釈」の一般的な手法について、簡単にみておきたいと思います。法学入門などでは、重点的にみるところなのですが、本書はいわゆる法律書ではないため、「解釈の手法」の大まかな考え方のみをみることにします。

参考文献等

- 久保利英明＝髙野角司「逆境に打ち克つ士たれ　コロナ禍でも信を得るプロの要件とは」税務弘報69巻2号（2021年）9頁
- 中野次雄編『判例とその読み方〔三訂版〕』（有斐閣、2009年）
- 木山泰嗣『教養としての「所得税法」入門』（日本実業出版社、2018年）
- 楡井英夫「判解」最高裁判所判例解説刑事篇平成27年度91頁
- 三宅知三郎「判解」最高裁判所判例解説民事篇平成29年度764頁

第7章

わたしたちを拘束する「身近にあるルール」の読み方

——法学的解釈の手法

法学における2つのアプローチ

これまで「法的三段論法」における「6つのステップ」なども具体的に示しながら、「**法学における2つのアプローチ**」（言葉としては、ここではじめて使いました）を前提に各論を説明してきました。

2つのアプローチとは、「主張と反論」（第2章）で言及した「**法律上の主張**」と「**事実上の主張**」の峻別によるものです。つまり、「法律問題」と「事実問題」をわけて考える「**裁判の基本構造**」です。両者は、当事者の主張レベルでは「法律上の主張」と「事実上の主張」に区別されますが、裁判所の判決レベルでは「**法解釈**」と「**事実認定**」に分けられます。

これを主張レベルでみたときにあらわれる「法律上の主張」と「事実上の主張」について、本書では、後者（事実上の主張）を軸に「**間接事実による推認の手法**」（第4章）を丁寧にみました。そして、そのあとには「実体法編」と「裁判編」にわけ、法律家の使う「二分法」を具体的にみました（第5章・第6章）。

このような方法で本書を進めてきたのは、本書がいわゆる法律書ではなく、一般の方向けに書かれたものである点に配慮したものでした。大学の法学部などで学ぶ「法学」では、「法の

法学における２つのアプローチ

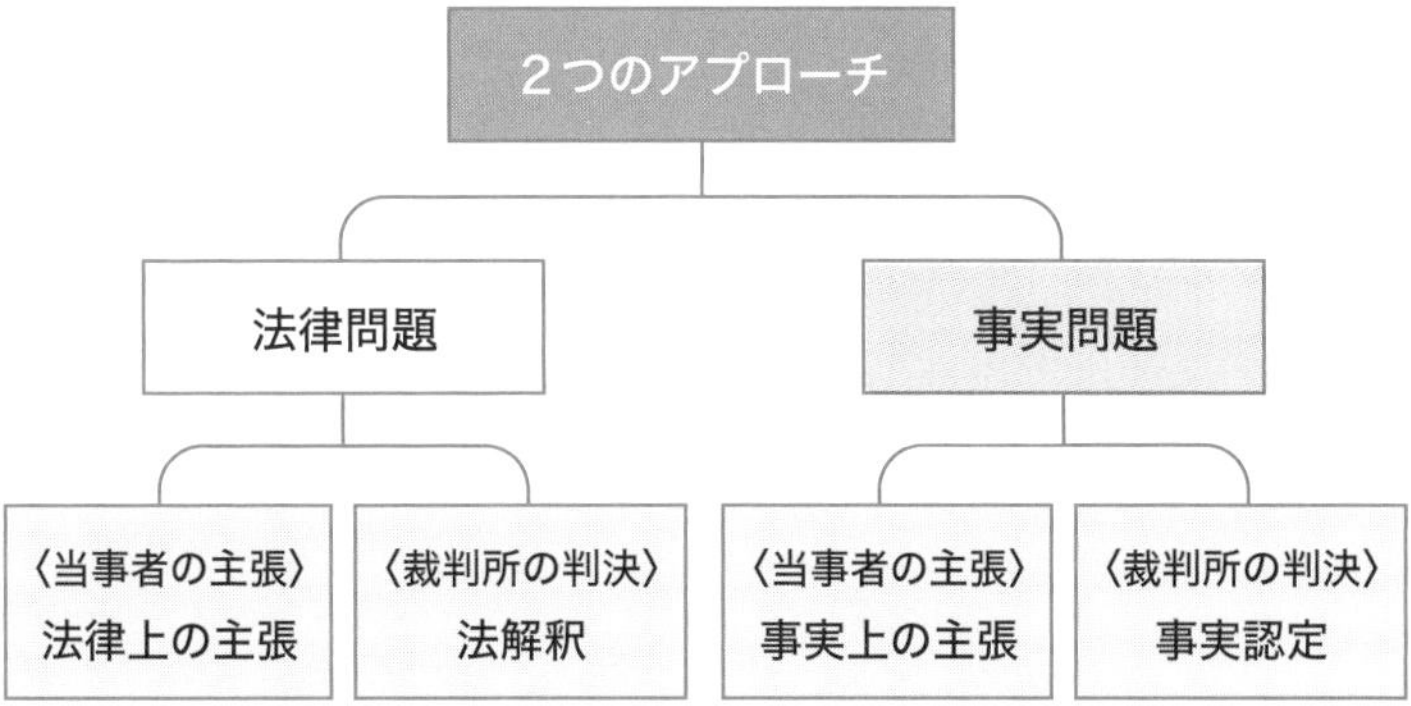

解釈」が重要になるため、「法学入門」でも「法の解釈の手法」についてはしっかりと学びます。

しかし、本書ではそれを控えて、これまで「法律上の主張」があること、また「法解釈」の問題があることを「一般論」として、表面的に語るにとどめてきました。これを「法学」の教科書のように大展開すると、読者の方には「とっつきにくい」と思われているであろう「法学」の考え方への橋渡しが、むずかしくなるのではないかと考えたからです。

とはいえ、やはりこれまでさまざま説明をしてきたなかで、あなたには「ところで、法解釈ってどうやるのだろう?」という疑問が芽生えていたかもしれません。

そこで、本書のほぼ終盤ではありますが、「**法解釈の手法**」について、ごく基本的な考え方を整理してみたいと思います。これらは「法」に直接たずさわらない方でも、**勤務先や所属団体に必ずあるはずの「ルール」や「決まり」の「内容」を議論し、これを具体的な事例にあてはめる場面が生じたときなどには、とても「役立つ視点」になると思います。**

なお、法学では「法解釈の方法」と呼ばれる議論ですが、一般の方が多く読む本であることを考慮し、本書では「法学的解釈の手法」というネーミングをしました。

BUKININARU

1

法解釈の方法
――文理解釈と目的論的解釈

法解釈とは、「法的三段論法」の「大前提」を担うものでした（第1章参照）。改めて確認をすると、大前提としての「法解釈」は、法の内容を明らかにして「法規範（規範）」を定立する作用でした。その具体的な内容として「6つのステップ」でみると、法に規定された「条文」を解釈することで、「要件」とその「判断基準」を明らかにすることでしたね。

もっとも、「判断基準」が示されるまではいかずに、「要件」を明らかにするだけで終わる「法解釈」も多くあります。そこで、ここでは「条文」の内容を「解釈」して、「規範」としての「要件」を明らかにする手法の基本を紹介します。いわゆる「**法解釈の方法**」と呼ばれる議論です。

ここで、まず「法解釈」の具体例をみてみたいと思います。憲法の基本論点なのですが、**「下級裁判所に違憲審査権はあるか？」という法解釈の問題**です。

一般書であるため、できる限り「条文」には触れずにきた本書ですが（最小限で必要性があるときには触れてきましたが)、「解釈」を扱う本章では、その対象になる「**条文**」もみながら解説していきたいと思います。

まず、憲法81条の条文をみてみたいと思います。序章で、2つの「違憲判断」をみましたね(尊属殺人違憲判決・非嫡出子違憲判断)。それを思い出しながら、読んでみてください。

> 第八十一条　最高裁判所は、一切の法律、命令、規則又は処分が憲法に適合するかしないかを決定する権限を有する終審裁判所である。

この条文は、裁判所に「違憲審査権」があることを定めたものです。この規定があるために、序章で述べた「違憲審査権」の行使が「立法」に対してなされていたことになります。その対象は「立法」に限られません。「一切の法律、命令、規則又は処分」とあるからです。

国会の制定した「法律」や行政機関の制定した法規範である「命令」に限らず、その他の「規則」や「処分」など「一切」の国家権力が定めたルールや行為が対象になります。「法の番人」「憲法の番人」としての「司法権」の役割です。

ここで、**裁判所の頂点に立ち、文字どおり「法の番人」「憲法の番人」として「違憲審査権」を行使するのは、この条文の主語にあるとおり「最高裁判所」(最高裁)**です。

さて、では、下級裁判所(地裁、高裁など)は、違憲審査権を行使することはできないのでしょうか？

この点、さきほどの憲法81条をよく読むと、「最高裁判所は、一切の法律、命令、規則又は処分が憲法に適合するかしないかを決定する権限を有する」と書かれています。そうすると、この条文をそのまま読むと、「憲法に適合するかしないかを決定する権限」である「違憲審査権」は、「最高裁判所」（最高裁）のみにあるように読めないでしょうか？

法解釈の基本・原則である「文理解釈」

この条文にある文章（法学では「文言《もんごん》」というので、以下「文言」といいます）には、「裁判所は」ではなく、「最高裁判所は」とあるからです。

日本語としての「は」には、「それ以外を除外する意味」があります。そうすると、「裁判所」の種類としてある「最高裁判所」と「下級裁判所」のうち、あえて「最高裁判所」のみをとりあげていると読み、「最高裁判所は」違憲審査権を有すると定めた点を強調する「解釈の方法」です。この場合、除外された「下級裁判所」には違憲審査権はないと読むことになります。

これを**「反対解釈」**といいます。**「反対解釈」とは、条文の文言を「そのまま文字どおり読む方法」である「文理解釈」の1つ**です。

文理解釈は、「法解釈の方法」の基本であり、原則です。法の定めは、日本語の文章で書かれている以上、その文章どおりに読むのが基本だからです。しかし、そのように「文言」どおりに読むと、「読み方」としておかしな「解釈」が導かれてしまう場合があります。

結論からいうと、違憲審査権はこれまでみたように、地裁や高裁などの「下級裁判所」にもあります。そして、下級審で憲法判断で異なる判断が下された場合に、これについて「司法府の判断を統一する」ために、最高裁が「終審として」違憲審査権を行使することになります。

このように考えると、この憲法81条という条文は、「最高裁判所」が「終審として」違憲審査権を行使することを強調した条文であると読むことができます。そうすると「最高裁判所は」とあるものの、この「は」は「下級裁判所」を除外する意味はなく、**最高裁が「終審」であることを強調したものと「解釈」することになります**。

そして、条文には規定されていないけれど、「司法権」を行使する「最高裁判所」以外の「下級裁判所」にも、当然に違憲審査権はあると読むのです。これが、この条文の正しい読み方になります。「判例」も、次のように述べています（最高裁昭和25年2月1日大法廷判決・刑集4巻2号73頁）。

「憲法は国の最高法規であつてその条規に反する法律命令等はその効力を有せず、裁判官は憲法及び法律に拘束せられ、また憲法を尊重し擁護する義務を負うことは憲法の明定するところである。従つて、裁判官が、具体的訴訟事件に法令を適用して裁判するに当り、その法令が憲法に適合するか否かを判断することは、憲法によつて裁判官に課せられた職務と職権であつて、このことは最高裁判所の裁判官であると下級裁判所の裁判官であることを問わない。憲法八一条は、最高裁判所が違憲審査権を有する終審裁判所であることを明らかにした規定であつて、下級裁判所が違憲審査権を有することを否定する趣旨をもつているものではない。（傍線は筆者）」

ちなみに、この判決文に登場する「憲法尊重擁護義務」については、反対解釈が使われます。次の条文です。

第九十九条　天皇又は摂政及び国務大臣、国会議員、裁判官その他の公務員は、この憲法を尊重し擁護する義務を負ふ。

ここに列挙されていない「国民」は、その主体として、文言上挙げられていないからです。また、この場合は、憲法が国家権力を拘束するものであるという法の趣旨からみても、この反対解釈が妥当ということになるからです。

さて、1つの例を挙げましたが、「法」が定める「条文」は、日本語の文章で書かれている以上、「文言」どおりに読むのが原則です。これが「文理解釈」でした。書かれていないことは「ない」ものと考える「反対解釈」も、この文理解釈の1つといえます。

他方で、文言どおりに読むと、妥当ではない「解釈」が導かれてしまう場合があります。法はさまざまなことを定めていますが、完ぺきなものではなく、**「書き尽くせていない場合」**や、**「言葉足らずな場合」**もあり、複数の読み方ができる場合があるからです。

そして、このような「書き尽くせていない場合」や「言葉足らずの場合」に、それらはすべて「法改正」がされるまで放置されるべきと考えてしまうと、裁判所は「具体的な事件」を目の前にしても、「法律の不備」が原因となり「妥当な解決」を図れなくなるおそれがあります。

税法では「文理解釈」が大きな原則

本書でいくつかケースを紹介した（第1章等参照）「税法」の場合は、「租税法律主義」という憲法の大原則があり、**「課税」には「法律」の根拠が必要**でした（法律に規定がなければ、課税はできませんでしたね）。そして、**税法の場合は、立法府による「法改正」で是正されるべきであり、裁判所は「現行法の規定」どおりに「解釈」をするしかない**、という考え方がなされます。実際、税法は毎年税制改正がありますから、不都合な法律は変えていけばよく、変える機会が毎年あるのです。

これは、「贈与税回避事件」の最高裁平成23年判決にまさにあらわれた考え方でした。1300億円を越える租税回避の事例でも、租税法律主義を貫き、住所を海外に移してから行う贈与については「法改正」で対応すべきと最高裁は考えていました（現に、法改正で対応がなされました）。

このように、「税法」では、租税法律主義の要請があるため、「文理解釈」は大きな原則として強固な解釈の方法と理解されています（**文理解釈の原則**）。税法のテキストでは、これを「**厳格解釈の原則**」と呼び、「税法は、文理解釈が原則である」と説明されています。

この点では、最高裁の「判例」でも、次のように言及されています（最高裁平成27年7月17日第二小法廷判決・判タ1418号86頁）。

「憲法は、国民は法律の定めるところにより納税の義務を負うことを定め（30条）、新たに租税を課し又は現行の租税を変更するには、法律又は法律の定める条件によることを必要としており（84条）、それゆえ、課税要件及び租税の賦課徴収の手続は、法律で明確に定めることが必要である（最高裁昭和55年（行ツ）第15号同60年3月27日大法廷判決・民集39巻2号247頁参照）。そして、このような租税法律主義の原則に照らすと、租税法規はみだりに規定の文言を離れて解釈すべきものではないというべきであり（最高裁昭和43年（行ツ）第90号同48年11月16日第二小法廷判決・民集27巻10号1333頁、最高裁平成19年（行ヒ）第105

号同22年3月2日第三小法廷判決・民集64巻2号４２０頁参照)、(略)(傍線は筆者)」

しかし、これは「税法」という「法」の１つの法分野における独特な考え方です。そうではない一般の法分野においては(特に、法改正の機会が税法のようにはない「民法」では、約１２０年ぶりの財産法部分の大改正が２０１７年(平成29年)にありました)、「文理解釈」に拘泥《こうでい》することは、事案を適切に解決する「柔軟性」を欠くものと考えられます。

民法の大家である我妻栄は、「法の解釈」は、「一般的確実性と具体的妥当性の調和」が重要であると説いています。

法がだれにも適用される「一般的・抽象的法規範」である以上、だれにも、どのような事例にも等しく適用される「法的安定性」が「法の適用」には求められます(**一般的確実性**)。しかし、他方で、個別の事例を解決するにあたって、法の規定の不備を理由に「おかしな結論」が生じてしまうのも、避けてとおるべきだということです(**具体的妥当性**)。

とはいえ、法に書いていない内容を裁判官が「法解釈」で自由に判断できるとなれば、「裁判規範」として、裁判所を民主主義のルールである「立法」に拘束させた意義が失われ、裁判所が「法を創造」できることになってしまいます。

もっとも、**法解釈には「法に直接規定されていない部分」(法の不備)を、裁判官が判決で示す「解釈」によって補う側面があるため、「判例には、法創造機能がある」といわれること**

があります。これも「法の規定」が想定した範囲を超えるような「無理のある解釈」であれば、**「立法論」**として批判の対象になります。「立法論」とは、国会が行う法制定や法改正のマターを指します。裁判所はあくまで「現行法」を前提に「**解釈論**」ができるに過ぎません。そのため、法解釈の限界にせまるような裁判では、**「立法論」の領域に踏み込まないようなギリギリのレベルでの「解釈論」が求められます。**

この点で、第1章の「贈与税回避事件」の控訴審（東京高裁）判決は、「立法論」に踏み込むような解釈をした側面がありました。上告審（最高裁）に「破棄」されたのは租税回避であるとしても、現に生活の本拠としている「住所」の解釈に法文にはない（法文から読み取れない）「租税回避の意図」を考慮するのは、解釈論の限界を超えると最高裁が考えたからです。

「目的論的解釈」とは？

さて、「税法」の話になりましたが、「法学」では、一般に「文理解釈」以外の解釈も許容されています。その大きな柱となるのは「**目的論的解釈**」です。

法の規定には必ず「立法目的」（立法趣旨）があります。**目的論的解釈は、その規定が定められた「目的」（そもそも論）に立ち帰ることで規定の内容を理解する「法解釈の方法」**です。文言だけから理解することがむずかしい場合に使われます。

具体的には、次のような方法があります。

第1に、「**縮小解釈**」（**限定解釈**）です。これは、目的にそって条文の規定を解釈することで、**その条文の文言の内容より「狭く」（限定して）解釈する方法**です。

第2に、「**拡張解釈**」（**拡大解釈**）です。これは、目的にそって条文の規定を解釈することで、**その条文の文言の内容より「広く」（拡大して）解釈する方法**です。

もちろん、これらは「文理解釈」には反することになります。また、無制限に行えば、それこそ「立法論」に裁判所が踏み込むことになり、権力分立（三権分立）にも反します。

そのため、「文理解釈」では「妥当でない解釈」が導かれるような場合に、その規定の立法趣旨（目的）を考慮した場合に、ギリギリ読み込める「範囲内」で行われるものです。

「検閲」はどう解釈されるのか？

たとえば、憲法には「検閲《けんえつ》」を禁止した規定があります。次の（傍線部分の）条文です（憲法21条2項前段）。

> 第二十一条　集会、結社及び言論、出版その他一切の表現の自由は、これを保障する。
> ②　検閲は、これをしてはならない。通信の秘密は、これを侵してはならない。

法解釈の方法

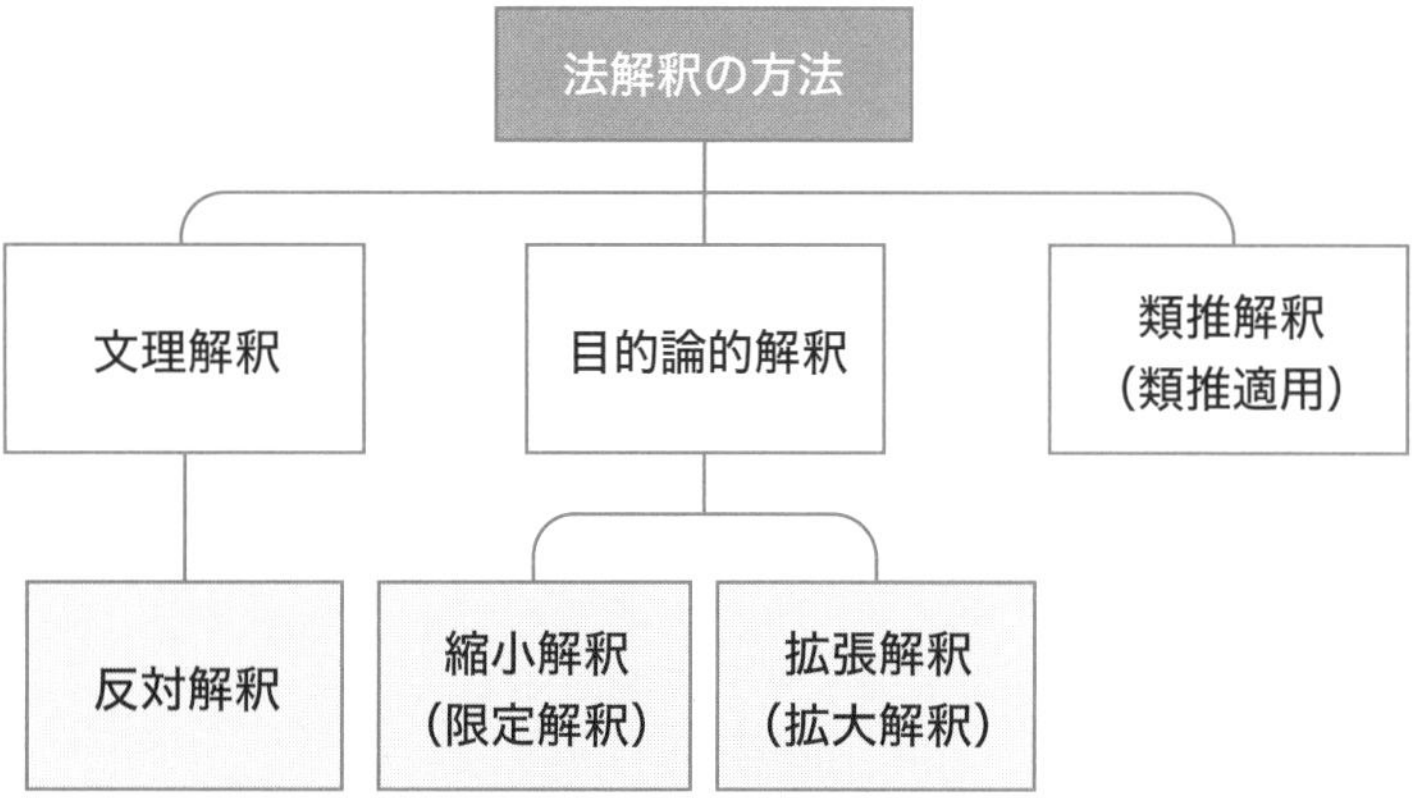

戦前の黒塗り書籍や発売禁止処分などは、「行政権」によって行われました。表現の自由が侵害された歴史の反省を踏まえ、検閲は絶対的に禁止されています。そのため、**憲法が絶対的に禁止する「検閲」は**、こうした反省にかかわる**行政権を主体とするものに限られる**と解されています（縮小解釈・限定解釈）。

最高裁の「判例」に、次のような解釈が示されています（最高裁昭和59年12月12日大法廷判決・民集38巻12号１３０８頁）。

少し長めですが、立法趣旨に触れながら、条文の文言を縮小解釈（限定解釈）し、「検閲」の主体を「行政権」に限定している手法がわかると思います。

なお、この解釈は、司法権を行使する裁判所による事前差止めが「検閲」にあたらないとする解釈をとるために行われました。

「憲法21条2項前段は、『検閲は、これをしてはならない。』と規定する。憲法が、表現の自由につき、広くこれを保障する旨の一般的規定を同条1項に置きながら、別に検閲の禁止についてかような特別の規定を設けたのは、検閲がその性質上表現の自由に対する最も厳しい制約となるものであることにかんがみ、これについては、公共の福祉を理由とする例外の許容（憲法12条、13条参照）をも認めない趣旨を明らかにしたものと解すべきである。けだし、諸外国においても、表現を事前に規制する検閲の制度により思想表現の自由が著しく制限されたという歴史的経験があり、また、わが国においても、旧憲法下における出版法（明治26年法律第15号）、新聞紙法（明治42年法律第41号）により、文書、図画ないし新聞、雑誌等を出版直前ないし発行時に提出させた上、その発売、頒布を禁止する権限が内務大臣に与えられ、その運用を通じて実質的な検閲が行われたほか、映画法（昭和14年法律第66号）により映画フィルムにつき内務大臣による典型的な検閲が行われる等、思想の自由な発表、交流が妨げられるに至つた経験を有するのであつて、憲法21条2項前段の規定は、これらの経験に基づいて、検閲の絶対的禁止を宣言した趣旨と解されるのである。

そして、前記のような沿革に基づき、右の解釈を前提として考究すると、憲法21条2項にいう『検閲』とは、行政権が主体となつて、思想内容等の表現物を対象とし、その全部又は一部の発表の禁止を目的として、対象とされる一定の表現物につき網羅的一般的に、発表前にその内容を審査した上、不適当と認めるものの発表を禁止することを、その特質として備えるものを指すと解すべきである。〔傍線は筆者〕」

傍線部分で「検閲」の定義が、行政権が主体となるものに限定され、本来の日本語の意味よりも狭く解釈されています（縮小解釈・限定解釈）。

「暴行」はどう解釈されるのか？

また、刑法には「暴行罪」の規定があります。次の条文です。

> （暴行）
> 第二百八条　暴行を加えた者が人を傷害するに至らなかったときは、二年以下の懲役若しくは三十万円以下の罰金又は拘留若しくは科料に処する。

しかし、この**「暴行」の概念は、広く解され、人の身体に向けられた有形力の行使である**と考えられています。そのため、人に直接ぶつけなくても、**人の立っている地面に向けて石を投**

げる行為も「暴行」にあたると解されています（拡張解釈・拡大解釈）。

暴行罪は、人の身体の保護するために刑事罰として規定された法の目的（立法趣旨）があるからです。文理解釈からすると、通常の日本語としては「暴行」とはいいがたい行為です。しかし、刑法の解釈としては、人の目の前の地面に向けた投石行為も「暴行」と解釈するのです。

これらの「法解釈の方法」は、文理解釈では読み取れないようにみえるものの、その規定の目的に立ち帰り、他方で「法解釈」としてはギリギリの「範囲」として許容されるであろう線で「目的論的解釈」を行うものです。そして、**「検閲」の例では、条文の文言を「縮小」（限定）し、「暴行」の例では、条文の文言を「拡張」（拡大）しています**。

いずれにしても、法の趣旨からすると「まあ、それはそうだよね」と納得できるような「解釈」になっているはずで、この点が重要です。

最終的にはどこで線引きをするかの問題が生じますが、裁判所が「法解釈」によって「法創造」を行い、立法権を侵害することまではできません。そこには、おのずと限界があります。その落ち着きどころは、「まあ、それはそうだよね」と納得できる「解釈」といえるかどうかです。裁判所は「法」の解釈を通じて具体的な事件を解決しますが、裁判所であれば妥当な解決をしてくれるであろうという「**国民の信頼**」が背後にあります。

この点で、**裁判官は「法」に拘束されながらも、「常識」に合致する「結論」になっているかを常に意識しています。**その際に、条文の文言どおりでは「ちょっと……」というときに、腕の見せ所になるのが「法解釈」なのです。

「類推解釈」とは？

なお、法解釈の方法には、もう1つあります。それは「**類推解釈**」です。

これは、条文の文言を「狭める」「広げる」という技術では足りない場合に、例外的に使われる手法です。**条文の規定がないので、他の似た条文をもってきて適用する**のです。

この適用を「**類推適用**」といいます。直接適用できる妥当な条文（あるべき条文）が「法律」をみても「ない」ので、似た考え方を使っている「ある」条文を「類推」して適用するという方法です。

このような「**類推**」**は、「税法」や「刑法」では、原則として禁止されています。他方で、「民法」では、「判例」上もいくつか使われてきました。**

税法では条文がなければ「改正」すべきという「**租税法律主義**」がありますし、刑法でも条文がなければ「改正」すべきといえる「**罪刑法定主義**」があります。前者は「財産権」に対して国家が合法的に税金を徴収する場面であり、後者は懲役刑などの人権侵害を合法的に刑罰として行う場面であるため「法律」の根拠が必要です。

しかし、民法では、あくまで「私人」同士の紛争解決が求められます。条文の規定に不備があっても、常識的にみて妥当な解決を図るためには、裁判所は「類推解釈」をしてでも、具体的妥当性を重んじた判断をする、ということです。

民法における「類推解釈」の例

たとえば、私人間では、契約違反があり義務（債務）が履行されなかった場合には、「債務不履行責任に基づく損害賠償請求」という責任追及ができます（**債務不履行**《さいむふりこう》）。また、交通事故などのように契約関係がなかった場合に「故意または過失」に基づき他人に損害を与えた場合には、「不法行為に基づく損害賠償請求」という責任追及ができます（**不法行為**）。故意はわざとで、過失は不注意です。いずれも、民法に規定されています。

ただ、具体的な損害賠償請求の規定については、債務不履行の規定には定められているのに、不法行為には具体的な規定がない場合があります。**こうした場合について、最高裁の「判例」は、債務不履行の規定で定められた「損害」賠償の条文を、不法行為の場合に「類推適用」しています（類推解釈）。**

「不法行為による損害賠償についても、民法416条が類推適用され、特別の事情によつて生じた損害については、加害者において、右事情を予見しまたは予見することを得べかりしときにかぎり、これを賠償する責を負うものと解すべきであることは、判例の趣旨とするところであり（大審院大正12年（オ）第398号・第521号同15年5月22日判決・民集5巻386頁、最高裁昭和28年（オ）第894号同32年1月31日第一小法廷判決・民集11巻1号170頁、同昭和37年（オ）第444号同39年6月23日第三小法廷判決・民集18巻5号842頁参照）、いまただちにこれを変更する要をみない（傍線は筆者）」（最高裁昭和48年6月7日第一小法廷判決・民集27巻6号681頁）

また、不法行為では、「過失相殺《そうさい》」の規定は、被害者にも不注意（過失）があった場合に「損害賠償金」の額を減額できることが定められています。これを被害者に「不注意」はないけれど、「疾患《しっかん》」などの「損害」に寄与する「素因《そいん》」がある場合に、「過失相殺」の適用を類推適用する解釈が、最高裁の「判例」でなされています。

「被害者に対する加害行為と加害行為前から存在した被害者の疾患とが共に原因となって損害が発生した場合において、当該疾患の態様、程度などに照らし、加害者に損害の全部を賠償させるのが公平を失するときは、裁判所は、損害賠償の額を定めるに当たり、民法722条2

項の規定を類推適用して、被害者の疾患を斟酌することができることは、当裁判所の判例（最高裁昭和63年（オ）第１０９４号平成４年６月25日第一小法廷判決・民集46巻４号４００頁）とするところである。〈傍線は筆者〉」（最高裁平成８年10月29日第三小法廷判決・民集50巻９号２４７４頁）

この類推解釈は、「損害の公平な分担」という不法行為の制度趣旨から、法に直接の規定はないものの、被害者側の要素が「損害」に寄与した場合に「損害額」を減少させる点では「類似」している規定を「類推」したものです。

損害を与えた者が、どのように賠償すべきかという「私人間」の問題については、直接の規定がなくても、類似《るいじ》の損害賠償責任を定めた規定を「類推解釈」するという手法です。こうした解釈に、異論はないでしょう。

法律に規定があってはじめて可能になる、「課税」（国民に税金を課すこと）を定めた「税法」や、「刑事罰」（犯罪として刑罰を科すこと）を定めた「刑法」とは、異なる「法の目的」が、民法にはある、ということです。

この点で、人々の行為を規制する方向で、「公共の福祉」のために、憲法が保障する人権（財産権や身体の自由など）を制約する「法律」と、そうではない「法律」とでは異なる視点が必要になるといえます。

法解釈のまとめ

以上をまとめると、「法の解釈」は、その内容が「条文」に規定されている以上、原則としてその「文言」から読みとることになります（文理解釈）。しかし、文言からは読み取ることができない場合や、どのように読むべきかが不明瞭な場合などには、「法の目的（立法趣旨）に沿った解釈がなされます（目的論的解釈）。

また、法の規定が「ない」場合に、他の類似した「ある」規定を「類推」して適用する解釈がなされる場合もあります（類推解釈）。ただし、**「法の目的」から考えて、これがなされることが適切ではない「税法」や「刑法」では、こうした「類推解釈」は禁止されます。**

BUKININARU

2 身近にあるルールをどう読むか？
――法学的解釈の応用

こうした「法解釈の方法」は、法学の世界ではごくふつうに行われているものです。

このような**「法学的解釈の手法」を、日常にある「ルールの解釈」にも応用することも可能**です。たとえば、次のようなルールがある図書館で、次の事実が起きた場合の「ルールの解釈適用」について考えてみましょう。

ルール1

「図書館の廊下で、携帯電話を使用することを禁止します。」

〈事実1〉

Aさんは、図書館の廊下で、スマホを使って、電話をした。

（事実2）

Aさんは、図書館の廊下で、スマホを使って、ＹｏｕＴｕｂｅの動画を大音量で視聴した。

（事実3）

Aさんは、図書館の廊下で、スマホを使って、ＬＩＮＥ（メール）をした。

ルール違反かどうか「文理解釈」をすると・・・

３つの事実を挙げましたが、この図書館のルールを適用した場合に、Aさんの行為はルールに違反するでしょうか？

文理解釈をした場合、Aさんは、事実1～3のどの場合でも、スマホを「使用」しています。そのため、「携帯電話」にスマホがあたると解釈する限り、いずれもルール違反ということになりそうですよね。そして、「携帯電話」にスマホがあたるという解釈は、いまの常識的な解釈として自然といえるでしょう。

もちろん、ガラケーのような「携帯電話」と「スマホ（スマートフォン）」は別であるという反対解釈をすれば、あたらないという解釈も可能ではあります。ただ、ガラケー使用者がほとんどいない現代では、この「携帯電話」はスマホも含むと解釈するのが自然であると思います。

次に問題になるのは、「使用」にあたるかです。ただ、「使用」とは、日本語の通常の意味による限り、その用法に従って使うこと全般を指すはずです。そうであれば、（事実1）の「電話」でも、（事実2）の「YouTubeの視聴」でも、（事実3）の「LINE（メール）」でも、「使用」にあたることは、日本語の解釈として当然といえるでしょう。つまり、**「文理解釈」をする限り、いずれの事実もルール違反になります**。

ルール違反かどうか「目的論的解釈」をすると・・・

しかし、ここで、そもそも論として目的から考える「目的論的解釈」をすると、どうなるでしょうか?

このルールの「目的」は何かと考えます。そうすると、図書室の廊下で「携帯電話」の「使用」を禁止するのは、図書館で本を読んだり勉強したりしている人の「静かな環境を確保」するためでしょう。このような「目的」との関係で考えると、**「使用」を「縮小解釈（限定解釈）」することもできるのではないでしょうか?**

つまり、「使用」とは、文字どおりの携帯電話の用法に沿った活用を意味するのではなく、**図書館の「静かな環境を確保」することを「妨げる」方法に限る、という解釈をするのです（目的論的解釈）**。

もし、そのような解釈をした場合には、（事実1）は声を出して通話しているので、やはり「使用」にあたるでしょう。また、（事実2）もYouTubeの視聴で大きな音が外部に漏《も》れていますので、やはり「使用」にあたるでしょう。いずれも、「静かな環境の確保」というルールの目的にも反する使用だからです。

これに対して、（事実3）の場合は、LINE（メール）をしているだけです。この場合、スマホのタッチパネルをさわっても音は出ないでしょうから、何ら図書館の「静かな環境を確保」する「目的」には反していないことになります。

そうすると、文理解釈をした場合には「ルール違反」になる（事実3）の事例も、このような**目的論的解釈をすれば、「ルール違反」にはならない**ことになります。

このように解釈をする場合、（事実2）のYouTubeの視聴でも、イヤホンを使っていた場合であれば、その音が外には漏れません。「静かな環境の確保」というるルールの目的に反しないため、動画視聴という使用であっても、ルール違反にはならないことになるでしょう。

このような解釈をすると、「それは屁理屈だ」と思われた方もいるかもしれません。そのような「使用」も、当然、現代では想定されるはずである。それをあえて何も注書きもせずに「携帯電話の使用を禁止」している。ということは、どんな方法でも図書館では館内にある「図書」以外の使用をすべきではない。館長はこう考えていたはずだ、という発想です。

しかし、このような解釈も「ルールの目的」のとらえ方が違うだけで、文理だけでなく目的も考慮しているといえます。これは**「ルールの目的」のとらえ方の違い**ですね。ただ、文理解釈が前提なので、こちらの解釈のほうが説得力はあるかもしれません。

このように考えると、わたしたちが「法」ではない、日常の身近な世界で決めているルールには「解釈の余地」をできる限り残さない記述が望ましい、という境地に到達するかもしれません。「LINE（メール）はいいなら、そう書いてよ」という発想です。

また、逆に、「拡張解釈（拡大解釈）」の例になりますが、日本語の通常の意味としては「携帯電話」ではないはずの、タブレットやノートパソコンを図書館の廊下で使用した人に図書館のスタッフが「そこの貼り紙をみてください。携帯電話の使用は禁止されていますよ」と言われたら、どうでしょうか？

「いや、そんなことは書いていないでしょう。タブレットもノートパソコンも『携帯電話』ではありません」

こう言い返したくなるのが、通常でしょう。

これがタブレットでメールをしていた場合や、ノートパソコンでインターネットの検索をしていた場合であれば、さすがに「携帯電話の使用」の範囲を超えています。これは許されない「拡張解釈（拡大解釈）」となり、「それは立法論です」となるでしょう。法律ではないので、貼り紙にタブレットやパソコンの使用も禁止と書いてください（ルールを改訂してください）ということですが。

しかし、現代のオンライン社会でこれを考えると、タブレットやノートパソコンでも「携帯電話の使用」とほぼ類似の「通話」ができてしまいます。つまり、タブレットやノートパソコンで、オンライン通話やビデオ会議をした場合は、どうでしょうか？

こうした法の不備には、「類推解釈」をして、本来は携帯電話の使用について禁止をした貼り紙のルールを「類推適用」したくなるのではないでしょうか？

「争いになりそうなもの」を事前にルールに盛り込んでおく

このように、**「ルール」には「解釈の余地」がある**ことが、「法学的解釈の手法」からわかると、**ルールをつくる側も、これに応じた対応が必要になることがわかるでしょう。**

つまり、「解釈の争い」が起きないように、あらかじめ「争い」になりそうなものは書き込んでおく方法です。たとえば、次のようにです。

ルール２

「図書館の廊下で、携帯電話（いわゆるガラケーだけでなく、スマートフォンやＰＨＳなどの通話機能のある機器をすべて含みます。）を使用（通話に限らず、メールやインターネットの使用など一切の行為を含みます。）することを禁止します。」

図書館としても、「使用」については、そこまで考えていなくて、迷惑をかけないものであれば使ってもよいと考えている場合には、次のように、「使用」にはかっこ書《がき》をつけない方法もあるでしょう。

ルール3

「図書館の廊下で、携帯電話（いわゆるガラケーだけでなく、スマートフォンやＰＨＳなどの通話機能のある機器をすべて含みます。）を使用することを禁止します。」

あるいは、解釈の余地は残さないように、「禁止」の対象を「使用」ではなく、「通話」であることを明記してしまう方法もあるでしょう。

ルール4

「図書館の廊下で、携帯電話（いわゆるガラケーだけでなく、スマートフォンやＰＨＳなどの通話機能のある機器をすべて含みます。）で通話することを禁止します。」

そして、このようなルールにしていたところ、時代の変化にともない、携帯電話以外のスマホやノートパソコンでの「ビデオ通話」（オンライン会議）が日常的になったとなれば、「ルール4」を改訂して、次のように書き直す方法もあるでしょう。

ルール5

「図書館の廊下で、携帯電話（いわゆるガラケーだけでなく、スマートフォンやPHSなどの通話機能のある機器をすべて含みます。）及びタブレット端末やノートパソコン等を使用し、通話（ビデオ通話などのオンライン使用も含みます。）することを禁止します。」

もちろん、今後もいろいろな機器ができるだろうから、それも考えて、ルールの目的が「静かな環境の確保」にあることも書いてしまえばいいという考えもあるでしょう。そうすると、次のようになるでしょうか。

ルール6

「図書館の廊下で、携帯電話（いわゆるガラケーだけでなく、スマートフォンやPHSなどの通話機能のある機器をすべて含みます。）及びタブレット端末やノートパソコン等を使用し、館内の図書利用者に迷惑をかけ、館内の静かな環境を害するような通話（ビデオ通話などのオンライン使用も含みます。）をすることを禁止します。」

しかし、長文化によって、もともとあったメッセージの力は、弱くなってしまったかもしれません。図書館の廊下にこのような貼り紙があったしても、「果たして、これを読んで理解してもらえるのか？」という疑問が生じるからです。

このように考えると、**禁止のメッセージがかえって届かなくなるおそれがあります。また、いろいろ書き尽くそうとしたため、かえって「解釈の余地」が起きてしまった箇所も、じつはあります。**たとえば、「僕は通話はしたけど、小声でまわりに迷惑をかけないように配慮しましたよ。だから、『館内の図書利用者に迷惑をかけ』ていないし、『館内の静かな環境を害するような通話』にはあたりませんよね」という主張です。

「法の解釈」というものを考えたときに、ルールの定め方は、じつにむずかしい問題があるのです。

今回のルールで「解釈の余地」が生まれた原因

このような図書館のルール1つをとっても、「解釈の余地」は、じつにさまざまな原因で起きるのです。それは、この例からみると、次の3点にあるといえるでしょう。

① 言葉足らずで起きてしまう場合
② 時代の変化にともない漏《も》れが生じて起きてしまう場合
③ 言葉を書きすぎたために起きてしまう場合

こうして「法学的解釈の手法」を身につけると、ルールを適用される側は、さまざまな「反論」ができるようになりますし、ルールを適用する側も同様にさらに「反論」をすることもできるようになります。

また、こうした「解釈論」の問題を見据えて、「ルール」を定める段階で、解釈の余地を封じるための「文言」の工夫を行うこともできるようになります。

しかし、いろいろ書き尽くすことで、生じてしまう問題を考えると、じつは、元にもどって最初の（ルール1）は、意外とよかったと思いませんか？

ルール1

「図書館の廊下で、携帯電話を使用することを禁止します。」

このシンプルな1文があれば、スマホであろうが、タブレットであろうが、ノートパソコンであろうが、**「図書館の廊下では静かにしてください」というメッセージが、ストレートに伝わるはずだからです。**図書館の廊下にある貼り紙としては、これくらいのシンプルな文章のほうが、館内利用者に促す「行為規範」として果たす役割は、大きいかもしれません。

また、文理解釈をすれば「使用」にあたるようなＬＩＮＥ（メール）などは、図書館側で特に問題なければ「黙認《もくにん》」すればよいだけだからです。そして、逆に目にあまる行動をとる人がいたときには、「ルールに違反しますのでやめてください」と注意することもできるでしょう。

この点で、大学入試などで試験前に試験監督から読み上げられる「受験上の注意」は、時代に即応《そくおう》させ、とても詳細です。わたしも勤務校で毎年2月になると、入試監督をするのですが、「使用が許可されているもの」と、「使用が許可されていないもの」は、すべて具体的に特定され読み上げるようになっています。

たとえば、いまの「受験上の注意」には、「ウェアラブル端末」も挙げられています。通信機能のある腕時計のことです。この記載が「受験上の注意」に導入されてから、毎年、入試監督の前になると、「ウェアラブル端末」が、読み上げるときにかまないように、わたしが留意する言葉の1つになっています。

大学入試では、全国の受験生が集まり、同一時刻に実施され「合否」が決まるため、公平性がとても重要になります。また、どの試験監督の教室でも同じような条件で試験を受けられることの担保がなされる必要があります。こうして、「許可されているもの」と「許可されていないもの」は、「解釈による争いの余地」がないレベルまで具体化されているのです。

「法学的解釈の手法」から学べること

こうした例も含めて考えると、「法学的解釈の手法」から学べることは、**ルールにもさまざまな用途があるため、シチュエーションにあわせて最も妥当な「文言」を考える必要がある、**ということになります。

また、適用される側になったときには、その文言から果たして「自分が違反した」といわれるようなルールになっているのかを「解釈」してみて、「反論」の可能性も考えてみる必要がある、ということです。

なお、規制法においては、「効力規定」の説明でも少し触れましたが、どのような効果が生じるかが「解釈」によって導かれては困ります。緊急事態宣言の効力をめぐり、「お願いしかできない」「実名公表はできる」「効果を高めるために特措法の改正が必要だ」といった議論がなされるのは、「法解釈」をすれば柔軟に対応できる、というものではないからです。

BUKININARU

第7章 まとめ

第7章では、わたしたちを拘束する「身近にあるルール」の読み方に触れるため、「法学的解釈の手法」を解説しました。

具体的には、憲法や民法などの「法解釈の方法」を「文理解釈」と「目的論的解釈」に分け、実例を示しながら説明をしました。

憲法や民法などの「法解釈」が実際にどのように行われているのかをみると、日常的なルールにも「あら」がみえてくるかもしれません。

そのときに重要なのは、次の2点です。

① ルールの「文言」は、どうなっているか?
② ルールの「目的」は、何なのか?

この2つの両輪《りょうりん》を意識できるようになると、ルールをつくる立場でも（立法府の発想）、ルールを運用する立場でも（行政府の発想）、ルールを適用する立場でも（司法府の発想）、さまざまな「考え方」ができるようになるでしょう。2つとは、「文言」と「目的」です。

会社の就業規則や社内規程でも、文言については用語の定義を定めますし、その目的も示します。文言と目的が明確になることで、ルールはハッキリします。

そして、裁判の当事者として「主張と反論」をすべき立場でも、「自分に有利な解釈の方法」を考えることができるようにもなるでしょう。その場合には、裁判の発想で、「相手はどんな主張をするか」「こちらはどんな反論をすべきか」まで考えると、説得力のある有意義な主張が組み立てられるようになると思います。

さて、次章は、本書の最後の章になります。第8章では、「法は、どのように進化してゆくのか？」というテーマで、法の変化について取り上げます。

本章（第7章）が扱った「法解釈」は、裁判所の権限である「司法権」の内容でした。「法の変化」は、立法府である国会による「法改正」によって行われます。「社会規範を変えていく」ことにもなる「法改正」が、どのようなきっかけで行われていくのかについて考えてみたいと思います。

参考文献等

- 我妻榮『法律における理窟と人情〔第2版〕』（日本評論社、1955年）
- 五十嵐清『法学入門〔第4版 新装版〕』（日本評論社、2017年）
- 弥永真生『法律学習マニュアル〔第4版〕』（有斐閣、2016年）
- 山下純司＝島田聡一郎＝宍戸常寿『法解釈入門〔第2版〕』（有斐閣、2020年）
- 金井高志『民法でみる法律学習法〔第2版〕』（日本評論社、2021年）
- 木山泰嗣「税法解釈のあり方─文理解釈は正しいのか」青山法学論集58巻2号（2016年）73頁

第8章

法は、どのように進化してゆくのか？

――社会を変える「法改正」の実際

時代に合わせて「法」は進化する

本書では、現に存在する法（**現行法**）を前提に、法がどのように解釈され、適用されるのかをみてきました。法の解釈・適用をみるためには、「解釈」された法の「適用」対象である「事実」の認定方法を考えることも不可欠ですし、これらをめぐる「主張と反論」を軸としたさまざまな思考法も重要になります。

こうして、序章から第7章まで「法学の基本思考」の数々を解説してきました。最後に第8章では、その**「法」も「生き物」であること**をみたいと思います。

明治時代に基本法の多くが誕生した「法」も、ずっとそのままにあるわけではありません。現実には、「**法改正**」を通じて、時代のニーズにあわせた「脱皮」を行い、「進化」を遂げてゆきます。これまでなかった「法」が、あらたに誕生することも、もちろんあります。こうして、法律の数も、どんどん増えて、現在では約2万の「法律」があるわけです。

本章では、「**法の進化**」という観点から、①最高裁に「合憲」と判断された「所得税法」がすぐに改正された例（サラリーマン税金訴訟と特定支出控除）と、②「成人」と「未成年者」の違いに対する考え方に直接の影響を与えることになった法改正の例（成年年齢の引き下げ）の2つを解説します。

BUKININARU

1

サラリーマン税金訴訟と特定支出控除
――最高裁の「合憲」判断が「法改正」を促した例

「サラリーマン税金訴訟」の概要

「**サラリーマン税金訴訟**」と呼ばれ、話題を呼んだ税金裁判（税務訴訟）がありました。１９８５年（昭和60年）に最高裁で決着がついた、原告の名称から「**大島訴訟**」とも呼ばれた裁判です（最高裁昭和60年３月27日大法廷判決・民集39巻２号２４７頁）。

これは、私立大学の教授（スペイン語担当）が、税務署に対して起こした裁判でした。大学教授を含めたサラリーマン（所得税法上の給与所得者）は、所得税額を算出するためにその基礎になる「所得金額」を計算する際に、１年で得た給与収入から法（所得税法）が定めた（金額の決められた）給与所得控除額を引けるだけでした。

こうした当時の法律は「法の下の平等（憲法14条１項）に違反する」として、大島教授が裁判を起こしたのです。だれとの関係で「差別」なのかというと、個人事業を営んでいる事業所得者との関係でした。

事業所得者は、所得税法上、実際に1年で自らが支出した「必要経費」を引くことができる仕組みになっています（第1章「同族会社必要経費事件」参照）。つまり、事業所得者には実額での経費の控除が認められていたからです。

法が定める所定の額の控除しか認めない「**概算控除**」となっている給与所得者は、実際に支出した必要経費の額を全額控除できる「**実額控除**」となっている事業所得者と比べて、合理的な理由のない差別を受けている。大島教授は、このように主張したのです。

詳細を知りたい方は、『教養としての「税法」入門』（日本実業出版社、2017年）に書きましたので、お読みいただければと思います。

最高裁の判断

最高裁は、合理的な区別であり「合憲」であると判断しました。理由は、主として次の点が挙げられました。

給与所得者は、一般に、事業所得者と異なり、会社の施設や備品を利用して働くもので、これらの点で実費の負担を強いられる場面は少ないこと、会社から仕事に必要な現物支給があった場合にも法は非課税として扱うことを基本としていること、現実に給与所得控除額を上回る経費の負担を自腹《じばら》でする給与所得者は極めて少ないことなどです。

所得税法の規定が憲法に違反するかを判断する際には、「**合理性の基準**」が示されていました。具体的には、**①立法目的が正当であり、②目的達成のための手段としての法の扱いが著しく不合理であることが明らかでない限り、租税立法は「違憲」とは判断されないという判断基準（違憲審査基準）**です。

これは、三権分立（権力分立）の観点から、立法府である国会の裁量判断を尊重する考え方です。序章で触れたような人が生まれながらにして固定されてしまう関係にある人権を侵害する差別規定とは異なり、租税立法（税法）は、経済的自由を制約するものであるため、専門資料が豊富にある国会の判断を尊重するべきという考えでした。

最高裁の大法廷で審理され、最高裁の裁判官全員が「合憲」と判断しました。

もっとも、そこには「補足意見」や「意見」が多く示されました。給与所得控除額を超えるような支出が現に給与所得者にあった場合には、その人に実額控除を認めない所得税法を適用する限りで違憲になるとする「**適用違憲説**」や、諸外国で導入されているような選択制などの法改正を検討する必要はあるのではないかといったものでした。

この事件では、給与所得控除額を上回る自腹での経費負担はないと認定されていました。そのため、本件は「合憲」であるけれど、そうでない事例が出てきたときには、現行法ではまずいのではないかという示唆を含む少数意見があったのです。

判決後の流れ

こうして、最高裁が「合憲」と判断したにもかかわらず、2年後の1987年（昭和62年）に所得税法は改正されます。そして、「**特定支出控除**」といって、給与所得者でも、法所定の要件を満たした場合には、例外的に実額控除も認める制度が創設されたのです。

大島教授は、1964年（昭和39年分）の所得税を裁判で争いました。20年以上の時を経て1985年（昭和60年）に最高裁の合憲判決を受けたのですが、じつはそのときには亡くなっており、判決は原告の地位を承継した遺族が受けました。争った額は少ないものでしたが、税制に納得がいかず、信念をもって起こされた裁判の結果です。

判決では「負け」でしたが、法改正を促した「価値ある裁判」だったといえます。

もっとも、この「特定支出控除」は、要件がとても厳格でした。そのため、近年まで利用者が1年間で10人弱しかいないという「絵に描いたもち」のような制度でした。それが、2012年（平成24年）に要件を緩和する法改正がなされました。大島教授が争った昭和39年の所得税から、じつに約50年後の出来事です。

この法改正が適用された年には、前年6人だった利用者が約260倍の1600人に一挙に増えるという結果が出ました。そのあとに、さらに対象を拡大する細かな改正がなされています。

法は、このように進化してゆきます。それは、裁判で争われて、たとえ、最高裁の裁判官全員一致で「合憲」であると判断された場合でもです。

テレワークの普及が所得税法に与える影響

さて、こうした「特定支出控除」ですが、現行法では、給与所得控除額の2分の1を超える支出があった場合に、証票類を提出した確定申告を行えば、その部分が実額で控除されるようになっています。その対象は、交通費、旅費、研修費、資格取得費、交際費、書籍費などです。

これが、昨今のテレワークの普及により、所得税法はさらなる改正の時期を迎えているかもしれません。給与所得者である会社員が一般に、自宅で長期間の仕事をするようになり、その諸経費（パソコン、プリンターはもちろん、通信費用、光熱費、インク・コピー用紙の購入費用など）を給与所得者が自腹で負担する可能性が、従前より増えてきたからです。

もちろん、現行法でも、特定支出控除の要件を満たす場合には、確定申告をすればその控除を受けることはできます。他方で、会社がテレワーク手当てを支給した場合には、これには課税されるのかなど、さまざまな問題が生じてきます。

サラリーマン税金訴訟が20年をかけて最高裁まで争われた問題は、その最高裁判決からさらに35年を経過した2020年（令和2年）になると、別の角度からあらたな顔をみせたのです（昭和39年からは、約60年経っています）。

こうした問題を踏まえて、2021年（令和3年）1月に、国税庁は現行法のもとにおける「在宅勤務」の場合の所得税法上の取扱いの解釈を公表しています。しかし、これはあくまで現行法の行政解釈です。法改正の検討も必要になるかもしれません。

もっとも、所得税法は「税法」です。税法は毎年の「税制改正」でさまざまな改正がなされており、改正の機会にめぐまれた法律です。

なお、毎年の改正のポイントなど税の情報を知るには、本を買わなくても、わかりやすい「パンフレット」が国税庁のホームページにたくさんあります。国税庁のホームページで、「パンフレット・手引」をみてみるとよいと思います。

次節では、2017年（平成29年）に財産法に関する大改正が約120年ぶりになされたことが記憶に新しい「民法」に関連した、別の最近の改正法をみます。

BUKININARU

2

成年年齢の引き下げ
――「成人」と「未成年」の違いに直接の影響を与えた法改正

成年年齢は、1876年（明治9年）以降、日本では20歳とされてきました。毎年1月に行われる成人式も、その年度に20歳になる人を対象にしていますよね。

さて、この成年年齢ですが、どの法に定められていると思いますか？

① 憲法
② 民法
③ 成年の年齢に関する法律

正解は、②民法です（なお、③のような法律はありません）。民法には、現在、次のような規定があります。

（成年）
第四条　年齢二十歳をもって、成年とする。

しかし、すでに法改正はされています。2018年（平成30年）に成年年齢の引き下げに関する法改正がなされて、以下の規定ができたからです。

（成年）
第四条　年齢十八歳をもって、成年とする。

注）イーガブを使って、こうした公布後未施行の改正がある法律をみるときは、左上にある「施行日」の欄を変えると、現行法だけでなく未施行の改正法の条文も読めます（この改正の場合には、施行日のバーを操作して「令和4年4月1日」をクリックすると、民法の条文がこの時点のものに変わります。とても便利なので、ぜひ使ってみてください）。

もっとも、この改正法は社会に与える影響が大きいため、施行までの時間を約4年と長くとりました。本書刊行時点では施行されておらず、2022年（令和4年）4月1日から施行されることになっています。そのため、２００４年（平成16年）４月２日生まれ以降の人は、18歳の誕生日に「成年」に達することになります。

また、**この法改正にともない、現在の婚姻適齢《こんいんてきれい》（結婚することができる年齢）も改正されました。**これまで男性は18歳、女性は16歳になれば結婚が可能でした（ただし、20歳未満の未成年者の場合には、親の同意が必要です）。これが、**成年年齢が20歳から18歳に引き下げられたことにともない、男女の区別なく18歳で婚姻適齢が統一されました。**この改正も民法の改正です。さきほどの改正と同様に、２０２２年（令和４年）４月１日から施行されます。

さて、この法改正は「遡及」して適用されるのでしょうか？　それとも、将来に向かっての改正になるのでしょうか。この点、遡及はしないとされています。改正法が施行された２０２２年（令和４年）４月１日時点で、すでに16歳だった女性は「成年」である18歳になる前でも、現在の民法どおり結婚することが可能です。

改正によって生じるさまざまな問題

さて、このような「成年年齢」の改正がなされると、さまざまな問題が生じるでしょう。飲酒や喫煙はどうなのか。これは健康を守るための法律規制なので、20歳のままとされています。競馬や競輪、オートレースなどのギャンブル（公営競技）なども同様です。

他方で、公認会計士や司法書士などの国家資格に基づく職業に就くことや、10年有効のパスポートの取得、親の同意を得ずに単独で契約を締結することなどは、成年年齢の引き下げに連動して、改正法が施行されると18歳から可能になります。

18歳になると、高校生でも「成年」、つまり「成人」になる「法改正」が、もうすぐ施行されます。社会のあり方、考え方を大きく変えることになるのではないでしょうか。

この点で、儀式として「成人の日」前後に行われていた成人式は、いつ開催されるのかなど（高校3年生の1月は大学受験直前期のため）、法律が定めるマターではない取り決めもこれから必要になってきます。

改正にいたるまでの経緯

改正の経緯をみると、もともとは憲法改正の国民投票法（正式名称は「日本国憲法の改正手続に関する法律」）を制定した際に、その投票資格を18歳としたことに端《たん》を発したものでした。

これは、2007年（平成19年）のことです。そのあと、2015年（平成27年）の公職選挙法改正で、選挙権の年齢が18歳に引き下げられると、この改正法は2016年（平成28年）7月の参議院議員選挙ではじめて適用され、国政における18歳選挙が実現しました。

そして、今回の2018年（平成30年）の民法改正につながりました。

このように、成年年齢の引き下げの法改正をみてみると、長い目でみれば短期間ともいえますが、10年以上の年月をかけて実現までたどりつく様子がわかるでしょう。

国会では、毎年多くの法改正がなされていますが、身近に感じられるものは少ないかもしれません。しかし、**法改正は、こうした成年年齢の引き下げのようなだれもが関心をもつインパクトのあるものに限らず、日々、じわじわと社会を変えてゆきます。**

法律家は、日々、改正法を勉強しています。弁護士のような専門家でも、自分が司法試験に合格したときの（猛勉強した）法律とは、あっという間に姿かたちが変えられていく現状に直面します。そして、「これは一生勉強なのだな」と自覚したときが、ようやくまっとうな法律家としての出発点といえるかもしれません。

専門家でない方が、法改正の細かなものまで追う必要はありませんが、大きな改正があると（最近では「働き方改革」による労働法分野の改正が話題を呼びました）、「週刊東洋経済」「週刊ダイヤモンド」「プレジデント」などの社会人向けの一般誌でも特集が組まれます。あるいは、新聞でも紙面をとった解説がなされています。各省庁のホームページにも、パンフレットなどが掲載されます。

いままでスルーしてきた方も、**これを機会として、社会のあり方をじわじわと変えてゆくことになる「法改正」の概要に、今後は注目してみてはいかがでしょうか。**

BUKININARU

第８章 まとめ

第8章では、法は、どのように進化してゆくのかをみるために、社会を変える「法改正」の実際について解説をしました。

日々改正がされ続ける法律ですが、２つの例を取り上げて「法改正」の経緯を概観してみました。①数十年という長いスパンを経て「最高裁判決」と「法改正」がなされた過去の例（最高裁に「合憲」と判断された「所得税法」がすぐに改正された例―サラリーマン税金訴訟と特定支出控除）と、②これから施行予定の未来の例（「成人」と「未成年者」の違いに対する考え方に直接の影響を与えることになった法改正の例（成年年齢の引き下げ））の2つです。

さて、「法学」を扱った一般書である本書に、ここまでおつき合いいただきました。これでボリュームのある読み物も終わりです。最後まで、お読みいただき、ありがとうございました。

とっつきにくいと思われがちな「法学」を少しでも、身近に感じ、また日常にも活かせる「思考法」の1つでも、覚えていただけたら嬉しく思います。

参考文献等

- 木山泰嗣『教養としての「税法」入門』（日本実業出版社、２０１７年）
- 泉徳治「判批」最高裁判所判例解説民事篇昭和60年度74頁
- 国税庁「在宅勤務に係る費用負担等に関するＦＡＱ（源泉所得税関係）」（令和３年１月）http://www.nta.go.jp/publication/pamph/pdf/0020012-080.pdf
- 法務省「民法の一部を改正する法律（成年年齢関係）について」（http://www.moj.go.jp/MINJI/minji07_00218.html）

あとがき

時空《じくう》を超えた物語を、紡《つむ》ぎたかった。あとがきに突然のようにも思われるかもしれませんが、本書で大きく意識したのが「時間軸《じく》」でした。

本書の執筆依頼は、いまから1年ほど前の2020年3月にありました。4年前に刊行された、業界ではスマッシュヒットといってよい『教養としての「税法」入門』（日本実業出版社、2017年）の編集担当であった蔵枡卓史さんから、転職のご挨拶とともに「ぜひ、先生に書いていただきたいテーマがあります」という熱いお声がけがあったのです。

いわゆる法学入門なのですが、その手の本は法律書として無数にあるのです。しかし、「ビジネス書の棚における本をつくりたい」「一般の方向けに『法学』の考え方を学ぶ本格的な読み応えのある書物をお願いしたい」とのことでした。

とてもセンスのある方からのご依頼です。心機一転のあたらしい職場につくにあたり、真っ先に声をかけていただいた彼の期待に応えることが仁義だと思いました。それで、本のご依頼にはふるいをかけお断りすることも多いのですが、無条件で「わかりました」と、その場で引き受けました。

こうして、社会的状況が大きく変わるなかで、法学部1年生の必修科目である「法学入門」の授業を、２０２０年の前期に、オンラインのオンデマンド型（事前に収録して学生に配信するもの）で担当しました。２０１５年4月に、弁護士から大学教員に転身したときから受け持っている授業です。担当して、6年目になりました。

例年とは異なるオンラインでの大学の授業が終わりに近づいた２０２０年の年末年始に、本書を8日間で書きました。12月25日に執筆に着手し1月5日に書き終えたことが、手帳に記されています（12月31日〜1月3日は執筆をせず、実数は8日でした）。

こうした執筆経緯ですが、当初作成した目次を執筆直前に数回書き直しました。これは本書で61冊目の単著になる「本の書き手」には、異例のことでした。

「予定調和を崩したい」
「いわゆる法学入門の本を書いても意味がない」
「何が本当に想定読者にとって重要なのかを徹底して考えるべきだ」

２０２０年のクリスマスの直前です。このような想いが、何かに火をつけられ、炎がめらめらと燃えるように「目次」に対する考えが強くなったのです。

授業で6年担当してきた「法学入門」と同じ内容にはしたくない——という想いがもともとあったのですが、法学部の学生には専門的に法を学ぶための最初の時期に知識を与える必要があるのに対し、本書の読者の方はそうではない。

そうすると、次に挙げるような法学部の「法学入門」では極めて重要である概念や用語も、本書において説明することには「意味がない」と考えるに至りました（当初作成の目次には項目として挙げていたのですが、直前にすべて削除しました）。

- 法源《ほうげん》
- 法実証主義
- 自然法と実定法
- 六法の概要
- 基本科目にある各種の原理原則

これらを学びたい方は、すでに無数に刊行されている、法律書コーナーに置かれている「法学入門」の本のなかから「読みやすそう」「面白そう」「わかりやすそう」と思われた、ご自身の感性・相性に合いそうな本をお読みください。

強いてあげれば、この分野の名著といえる、五十嵐清『法学入門〔第4版新装版〕』（日本評論社、2017年）、末川博編『法学入門〔第6版補訂版〕』（有斐閣双書、2014年）、伊藤正己＝加藤一郎編『現代法学入門〔第4版〕』（有斐閣双書、2005年）の3冊が、個人的には、おすすめです。

無数にある法学入門のなかでくり返し説明される基本用語や基本概念は、法学を専門的に学ぶ人にとって必要な「お約束」です。法学をやっているというなら「これくらいは最低限知っておけ」という業界の共通言語です。

その数は専門性が高い法学では、けっこうあるわけです。それを本書で始めると、「説明のための説明」に終始することになることが明確に予見されたので、それを止めました。

また、わたしたち法律家は、法学を講義するとき、必ず、六法全書に掲載されているような、法の「条文」を読みます。これも専門的に学ぶ人には絶対に必要なことなのですが、本書の読者対象にとっては「不要」ではないか、と考えました。

わたしは法律家なので、条文を読むことは苦ではないのですが、一般の読者にとって「条文」はハードルが高いと聞いているからです。

さて、時空を超えた物語を紡ぐために、本書は何を意識したのか。

この点について、言及しておきます。序章に挙げた2つの最高裁の違憲判断がありましたが、そのときに「いまから何年前」であるとか、「わたしが大学生のころ」といった「時間軸」を入れていたのですが、覚えていますでしょうか。

こうして、著者が歩んできたこれまでの人生の時間軸（現在46歳）のなかでみても、「法の歩み」はゆっくりなのです。そのことを最後の章に「進化」としてとりあげることで、日本における「法の歩み」を示してきたことの「意味」を込めました。

法は、よりよい社会を築くための「ルール」であり、法の継受が行われた日本法で考えても、「人類の英知」ともいえるでしょう。

新型感染症のような世界的に人類史上で直面することになった難問についても、わたしたちの身近にまだある生きにくさという問題についても、法は改善策を示すことができます。

また、法律に問題があれば、最後はわたしたちの人権を守ることに最大限の価値をもった「憲法」が乗り出してきます。そこまでいくには、時間をかけた裁判所での判例の蓄積・議論が必要ですが、まずは「立法」の問題として、法をつくったり、改正したりすることで、社会をよりよくするための方法論が「法」にはあります。

扱う対象も範囲もぼう大でありながら、一般の方向けに「法の考え方」を伝授する「本」として、読者の方がすぐにでも日常に応用して活用できる「武器」の集合体としてまとめることができました。これは、こうした「法の時間軸」を「わかりやすいごくわずかな例」を示すことで、そのすきまにある行間は、読者の想像に委ねるようにしたからです。

それは、「過去から学び、現在を知ること」にとどまらず、そこから「推論」して「未来を想像する」ことによって、躍動してゆく「考え方」といえます。

時空を超えた「法の物語」は、現在を生きるわたしたち一人ひとりが、よりよい社会を実現するために取り組む。それは、日々「ルール」のつくり方、読み方、適用の仕方の問題として「自分ごと」でとらえてゆこう、というメッセージでもあります。

あとがきなので、もう少し述べさせてください。

この「時空を超えた物語」を書くことができたのには、著者のこうした年末年始のわずか8日間の手の動き（パソコンのキーボードのブラインドタッチ）だけでまとめられるようなその力が与えられたのには、以下に述べるような大勢の方からのギフトがありました。

本書を書き終えて、初校ゲラのチェックをするときになって、大学の研究室の本棚に刺さっていた本をみつけて改めて読み返したのが、民事裁判の神髄《しんずい》が凝縮された稀有《けう》な法律研究書である『民事裁判過程論』（有斐閣）という1冊です。本書で書いた「証明度」や「間接事実による推認」などの民事裁判の方法論に興味をもたれた方に、強くおすすめしたい本です。裁判官の書かれた研究書ですが、ハンディでとても読みやすくまとめられていて、それでいて海外の論文引用も豊富でとても読みやすく、深いです。

同書は、33年間の裁判官生活の大半を民事裁判に費やされた土屋文昭によって書かれたものです。裁判官を退官したあと、東京大学法科大学院で教授であった著者の研究室に、弁護士時代のわたしは何度か裁判の相談で訪れたことがあります。

先生からは、２００３年の4月から6月までの3か月間、横浜地裁の実務修習で民事裁判の指導を受けました。民事裁判で重要な「事実認定」で著書のある業界で著名な方です。その先生が日々たずさわられていた民事裁判のすべてを、当時29歳だったわたしは観察し、手ほどきを受けました。

その後、弁護士になって難解な「税務訴訟」という行政訴訟で格闘していたころにも、退官後は東大ロースクールの研究室にあたたかく迎えてくださり、さまざまな実務相談に乗ってくださいました。先生は、いつも明るく優しく爽やかなのですが、当時何冊もすでに書いていたわたしの本もお読みくださり、「いいですね。木山さん、向いてますね。素晴らしいですね」とお褒めくださいました。

そんな先生が「いま、わたしも本を書いているんですよ。刊行したら木山さんにもぜひ読んでもらいたい」とおっしゃっていた本が、いま示した『民事裁判過程論』なのです。同書は裁判実務の豊富な経験をベースにしている著者の研究書でありながら、客観的に多数の論文を引用し、極めてコンパクトに洗練した筆致で仕上げられた「名著」だと思います。おそらくこの本の読者の方にも、すらすら読めるリーダビリティーにも優れた本です。

土屋先生は、2015年に40歳で大学教授に転身したときも喜んで下さり、その後はあらたに書き始めた税法の研究論文をお送りするたびに、メールで「着眼点がいいですね」「どんどんお書きになってください」というお言葉をくださります。

時空をもっと、過去にさかのぼります。わたしが大学に入学したのは、1年浪人したあとの、1994年4月でした。本書のゲラをチェックするときに、もう1冊、研究室の書棚から取り出した懐かしい本がありました。それが、小林秀之の『証拠法〔第2版〕』（弘文堂）です。

これは思い出の1冊で、大学3年のときに受けた著者自身による民事訴訟法の授業のテキストとして購入しました。

今回久しぶりにパラパラとめくってみたら、欄外に大学時代にシャーペンで書いたと思われるメモもみつかりました。当時のわたしには、とても難解な本ではあったのですが、この本をワクワクしながら読めたのは、小林秀之先生の授業がとても面白かったからです。

先生は司法試験にも合格された弁護士でもあり、民事訴訟法の研究者として若いころから多数の著書がありました（授業は教室いっぱいに学生があふれ、とても人気のある先生でした）。いまその奥付をみると、わたしが先生の授業を受けた当時、44歳だったにもかかわらず、壮大な研究書の数々がすでに著書として記載されています（略歴から計算すると、『アメリカ民事訴訟法』〈弘文堂、1985年〉は、33歳になる年に刊行されています）。

今回、この本の改訂版の「はしがき」を読んで、共鳴してしまったのは、「平成6年大晦日《おおみそか》を前に」と書かれていた点です。1994年のこの時期は、わたしが法学部に入学した1年生の冬休みです。本書を46歳のわたしがまさに年末に書いていた点に重なるように思いました。

その謝辞に書かれた同書の担当編集者が、弁護士時代から『最強の法律学習ノート術』（弘文堂）などさまざまな本の編集担当をしてくださっている方なのです。

2008年3月に2冊目の単著として33歳のわたしが刊行し、いまでも増刷のかかるロングセラーとしてロースクール生に読まれ続けている『小説で読む民事訴訟法』（法学書院）から数年前に定年退職されるまで10冊以上の本の担当をしてくださった別の編集者も、小林先生とご一緒されることが多かったようで、弁護士時代によく先生のお話をききました。税法を専門にするわたしは、大学時代にはこの小林秀之先生のゼミに所属し、当時、制定されたばかりの「新民事訴訟法」（現在の民事訴訟法）を学んでいました。

時空を超えた物語が、長くなりましたね。お二人の先生は「本書」の目にみえない原動力になっていると感じたため、あえて言及させていただきました。

本書は、法学入門的な内容を大きくアレンジして、一般書として「法学の考え方」に焦点をあてました。

「法的三段論法」や「間接事実による推認」は、法学の王道ですが、前者について「6つのステップ」に分けた点は、著者の完全なオリジナルです。また、さまざまな思考法についても、その考え方は法学の王道ですが、ネーミングや切り取り方には著者のオリジナルな部分が含まれています。

そのすみわけは、法学を学んだことのない読者の方にはむずかしいと思いますが、端的にいえば、「法学にたずさわる先人の積み上げのなかに、本書がある」ということです。他方で、思考法については、本書の編集担当である藏枡さんが思い描いた「ビジネス書の棚」にふさわしいよう、「法律書の世界」から「一般書の世界」に飛躍させるための工夫をした、ということです。

法学に興味をもたれた方は、本書に挙げた参考文献などを読んでいただければ法律家としては嬉しく思います。ただ、本書は、法学を専門に学ぶ人のために書いた本ではありません。法学の思考も日常に応用できそうだなと思っていただければ、著者としてはより嬉しく思います。

日常シーンへの活用ができることを、1つのコンセプトに書いたからです。

さて、本書は、こうした「法学入門のエッセンス」を「日常に使える思考法」に昇華させたものですが、その例に登場する多くが「税法」の事例でした。

この点にも、本書のオリジナリティーがあると思います（法学入門を対象にした本で、税法を例に出す本は、ほとんどないからです）。それは筆者が弁護士時代に、12年にわたり、国税と裁判で戦う「税務訴訟」の納税者代理人をしてきたこと、その後、税法研究にたずさわる大学教員（税法学者）になったことが、大きな要因になっています。

ただ、税法の教科書ではないため、税法の専門的な説明は極力カットしました。税法に興味のある方は、担当編集者の藏枡さんが前々職時代に担当された、さきに挙げた『教養としての「税法」入門』などをお読みいただければと思います。

最後に、謝辞になります。このあとがきに挙げていませんが、税務訴訟で国と戦う弁護士スピリットを鍛えてくれた鳥飼重和先生（鳥飼総合法律事務所代表弁護士）、同事務所での弁護士時代に裁判に勝つための考え方を訴訟事案の日々の相談等を通じてご教示くださった稲葉威雄先生（元広島高裁長官・弁護士）には、実務での訴訟にたずさわるにあたり、その考え方、取り組み方について、29歳の新人弁護士のころからさまざまなご指導・ご助言の数々をいただきました。
鳥飼先生は、わたしが実務家であった弁護士時代に、同時に本も書き続けるわたしをいつも応援してくださいました。稲葉先生は、当時はもちろん、大学教員になってからも、執筆した論文をお送りすると、すぐに読んでくださりご感想やご所見をメールで送ってくださいます。それが、実務から研究に移った者にとっての励みであり、心の支えにもなっています。

その鳥飼先生が師匠と仰ぐ久保利英明先生（日比谷パーク法律事務所代表弁護士）からは、本書を執筆していた年末の深夜に、本書の参考文献にも挙げた税務弘報２０２１年２月号の特集記事の対談を読み、熱いエネルギーをいただきました。
それをお伝えしたメールにすぐにご返信くださり、大晦日の日に「弁護士には、休みもなく寝る時間もない」とおっしゃるような先生から、年末の執筆状況に対して「少しは休まれたらいかがですか」というお言葉も頂戴《ちょうだい》しました。弁護士に無限の力と魅力を見出される先生の士業に対する熱い想いから、年末から年始にかけての本書の後半部分の執筆に大きな力を与えられました。ありがとうございます。

本書でも参考文献に挙げた『事実認定の基礎』（有斐閣）の初版が刊行された１９９６年に、わたしは大学3年になる年で小林先生の民事訴訟法の授業に出合いました。

同書の著者である伊藤滋夫先生には、２０１４年度に租税訴訟学会で1年間、国税出身の税理士の都築巌先生とコラボで、毎月1回（全12回）の講演をした「わかりやすい要件事実セミナー」に毎回ご出席下さり、税法における課税要件と要件事実について、毎回詳細なご感想やご指摘のメールを頂戴しました。本書にも例としては登場する税法における要件論を培《つちか》う素地《そじ》には、先生からのご示唆《しさ》があったことを、本書執筆の際に改めて同書をひもとき感じました。先生は約40年にわたる裁判官のご経験をもとに、民事裁判における事実認定という未開の領域で25年にわたる研究をされてきた、この分野の第一人者の方です。ご縁に感謝いたします。

本書では、近接所持の理論など刑事裁判についての事実認定の手法も紹介していますが、実務家としての弁護士時代に税務訴訟ばかりやってきた著者は、刑事裁判の経験はかけ出しのころに数年間に担当した程度で、実務経験は多くはありません。

そのため、弁護士になってから約18年すっかりご無沙汰してしまっているのですが、横浜地裁での刑事裁判の3か月の実務修習時代に、実際の事件を通じて「裁判官の証拠の見方」を徹底して指導してくださったのが、廣瀬健二先生です（のちに立教大学法科大学院の教授になられました）。先生に修習時代に「弁護士になったら、毎日30分でもいいから、何かを勉強し続けろ。それが必ず専門家の根っこになる」と言われたことを思い出します。

最後に、本書の初校ゲラを読んでくれた亀田裕香さん（青山学院大学大学院法学研究科ビジネス法務専攻）、学部ゼミ生の金子夏望さん、早川萌子さん、助川陽哉さん、三ッ村龍さん、山本創太さんにも御礼申し上げます（所属は2020年度当時）。特に、亀田さんからは、短期間で読んでいただいたにもかかわらず、ほぼ全ページに数か所はある詳細なコメントをもらいました。本書のゲラ段階の加筆修正作業で、大きな力になりました。読者目線からみた多くの突っ込みが、いたらぬ原稿に潤いを与え本書の完成を支えてくれました。

再校ゲラ段階では、弁護士の山田重則先生、ゼミ生の池上雄大さんにもチェックをしていただきました。お忙しいなかで貴重なコメントをくださり、ありがとうございました。

長くなりましたが、長年にわたるさまざまな方々のお力添えがあって、年末年始の8日間だけでこの本が書けたのだと思います。

そんな本書を手にとり、お読みくださったあなたにも心より感謝いたします。

2021年2月

木山《きやま》　泰嗣《ひろつぐ》

ふ・へ

ほ

み

む・め・も

よ

り

る・れ・ろ・わ

さ

し

す・せ

さくいん

カバーデザイン　山之口正和（OKIKATA）
本文デザイン・DTP　初見弘一（TOMORROW FROM HERE）

はじめて学ぶ人でも深くわかる
武器になる「法学」講座

2021年4月28日　初版第1刷発行
2022年4月 1 日　初版第3刷発行

著　者　木山泰嗣
発行人　片柳秀夫
編集人　福田清峰
発　行　ソシム株式会社
https://www.socym.co.jp/
〒101-0064 東京都千代田区神田猿楽町1-5-15 猿楽町SSビル
TEL：(03)5217-2400（代表）
FAX：(03)5217-2420

印刷・製本　シナノ印刷株式会社

定価はカバーに表示してあります。

落丁・乱丁本は弊社編集部までお送りください。送料弊社負担にてお取替えいたします。

ISBN978-4-8026-1299-9　